日本学前教育系列丛书

丛书主编 李季湄

提高幼儿教育质量

[日]大宫勇雄　著

李季湄　译

华东师范大学出版社

·上海·

上海市版权局著作权合同登记　图字:09－2008－340号

目 录

译 者 序

　　中国社会正在由计划经济向市场经济转型。在市场经济条件下幼儿教育该如何办，这是一个牵动所有幼教工作者、同时也牵动全社会的大问题。

　　目前，在市场经济大浪的冲击下，把幼儿教育推向市场的呼声很高。但是幼儿教育能不能市场化？市场化的结果能否促进幼教质量的提高？市场化最终会将幼儿教育带到哪里去？对此，未曾经历过这样改革的我国幼教人并不清楚结果会怎样，甚至全社会都未必是清楚的。幸运的是，远在我们之前，世界上的发达国家早已经历了一番教育市场化的尝试，积累了不少正面的经验和负面的教训，以其为鉴，多少可以知道利弊得失。

　　近年来，日本在推进早期保教市场化方面加大了力度，对此引起了日本保教工作者的普遍不安。福岛大学大宫勇雄教授针对日本保教的市场化问题，从如何确保其质量出发，借鉴了欧美各国的有关研究成果，对日本的保教市场化进行了深入地分析与批判。

　　大宫教授指出："全世界的保教制度有两种类型。一种是基于公共原理的制度，欧洲的很多国家采用这种制度，现在的日本保教制度也忠实地执行这一制度；另一种是基于市场原理的制度，美英等一些欧美国家采用这种制度。这两种类型的原理在理解保教的基本性质方面是不同的，为此，设定的制度也有很大的区别。只要看看推行基于市场原理的保教制度的美英等国的状况，就决不能说这样的担忧是没有根据的。"书中引用了美国密歇根大学 S. L. Hofferth 的研究，说明将竞争原理导入并扩展到保教领域会对保育者的工资和保教质量带来多么不利的影响。S. L. Hofferth 曾经比较了 20 世纪 70 年代中期和 1990 年两个时间点上整个美国的保教服务的结构性质量，发现在几个重要指标上，保教质量的下降都是很明显的。

大宫教授还引用大量研究资料，针对基于市场化原理的保育质量观、保育成本论、第三者评价、监护人评价等等要害问题，从本质上对其进行了深刻的、有理有据的分析与批判，这对于澄清在这些问题上的模糊或者混乱的看法和舆论是非常有益的。比如，大宫教授明确指出，"作为服务的保教质量"和"作为权利的保教质量"是完全不同的。市场原理从保教是"私事"这一观点出发，认为提供什么样的保教服务完全是家长根据自己的经济状况和责任进行选择和购买，由此导出了"保教质量＝顾客满意度"的评定方法。"市场推进论的基本前提就是把保教服务等同于一般的商品服务，换言之，是把保教服务仅仅只看作个人消费的对象。如果从这一立场出发的话，顾客即消费者的'满意度'当然是最重要的，对服务提供者而言，左右人们购买欲望的'人气'或'满意度'当然也是最重要的了。在市场主义的这种处理方法中，用顾客满意度来测定保教质量的最大问题在于，这样做将不得不把这一课题意识——让作为社会整体利益的'所有儿童的发展'得到保障——远远地抛在后面。在这一点上，市场主义只得把'儿童发展的权利'这一视点弃之不顾了。"大宫教授在批判的基础上，认为只有加强对早期保教的社会性规范，加大政府的支持力度，才能真正提高保教质量。

从书中可以看到，目前我们推进幼教市场化的许多做法，甚至有的所谓"机制创新"之举,不少是欧美发达国家几十年前就尝试过的政策或走过的老路,有的甚至是被国外的科研已经证实了是后果不佳的做法。在中国尚无这样研究的情况下,尽管国情不同,这些研究结论或成果也应当成为我们决策和行动的重要参考。近年来,在经济大潮的冲击下,加上社会急功近利地对利润的疯狂追求,我国早期保教成为市场化的受害者可以说已成不争的事实。似乎社会的经济转盘转得越是快,处于转盘边缘上的早期保教被离心力甩得越是远。因此,希望本书能够让我们对那些以经济运营的做法来办早期保教的思路保持警惕,也给类似政策和做法的推行者提个醒。

当然,我们正身处一个史无前例的改革时代,市场经济条件下的早期保教的改革究竟该如何进行尚处于摸索阶段,标准答案是不存在的。连本书作者自己也认为,这是"在向市场原理转换的社会背景下,对保教观的一次主动的重新审视,其试探性回答只不过是一串不成熟的足迹而已"。因此,谨希望本书能够为我国幼教改革的健康发展多少提供一点前车之鉴,倘能如此,译者的目的就算达到了。

李季湄

2009 年 9 月 15 日

　　某幼儿园要开运动会了,5岁幼儿都在室外场地上练习接力。这时,一个男孩面孔通红地把红白小帽用力一扔,说:"再也不跑了!"就跑回班上去了。这个男孩是跑得很快的儿童,可他的小组跑了好多次都没获胜,他觉得非常难受。他一离开,其他儿童也都垂头丧气,接力活动于是中断了。

　　当然,接力活动不是什么大不了的事,不过是儿童的游戏而已。对如此小事会这样无拘束地发泄,会感到无比懊恼,大概只有在幼儿时代了。其实这男孩知道小组的同伴都尽力跑了,只是他不知道怎么发泄自己的懊恼才好。他控制不住自己,尽管还是想在同伴面前自我克制。在这种情况下,他的行为会对他的同伴产生不可忽视的影响。当他反复多次出现这种行为时,肯定会在与同伴情绪的相互碰撞中察觉出自己的情绪所造成的后果。

　　每当碰到这类事情的时候,我都会觉得做一名早期保育者是多么好啊。因为能如此鲜活地感受儿童的呼吸或情绪的波动,能如此近距离地和他们接触交流,这不仅是儿童的幸福,对早期保育者来说,也一定会体验到和儿童一起生活的那种幸福感吧。

　　但是,从今天早期保教的现状来看,这种"幸福时光"似乎正在急速地被剥夺。

医务室为了达到 ISO 质量管理要求，已经将保育儿童的工作彻底地标准化了。教师和保育员的精力几乎全都陷入到诸如"儿童碰破点皮的小事故到底要不要写《事故报告书》啊"这类事情里。老教师说，总部的检察官每个月到园所来，教师和保育员为避免发生事故或麻烦，就严管、控制儿童的行动或游戏。这种事情越来越多，保教工作也随之变得越来越没有意思了。在民办早期保教机构中，按能力分级的工资制度和职工评价制度配套实施的趋势日趋明确，听说教师和保育员都对工作的前景忧心忡忡，一种不安感正在扩展。即使公立早期保教机构似乎也处在前途渺茫的状况中，教师和保育员正在失去热情或因处于裂缝中而感到困惑和烦恼。

是什么把早期保教的快乐、培育儿童的丰富生活从早期保育者那里夺走了呢？很多人都知道，被称作"结构改革"、"制度改革"的那些经济效率优先的政治和由此衍生的早期保教政策是始作俑者。但是，在现在封闭的政治状态中，令人困惑的是，该怎样去展望早期保育和教育的光明未来呢？

的确，政治状态是不会马上发生什么变化的，但是保教观的变化却是可能的。我们自身认为早期保育和教育必须是什么样的，就完全可能在与政策的对峙中锤炼我们的保教观，并使之成为社会舆论的共识。应当站在什么立场上看待早期保育和教育，如果与此有关的社会认识水平提高的话，那政治家的思考方法就不得不改变。

在这本拙作中汇集的许多论述和考察都是被当时令人担忧的早期保教政策所触动而写成的。不过，现在回过头来看，也许能够发现本书的主线是：在危机中重铸我们的保教观，构建新时代的保教观。

下面简介一下本书的内容结构。

第一章"现在——追问保教观的时代"。

本章是围绕保教观的世界动向和日本保教制度改革的综述。由于日本国家和地方的财政削减而催生了"综合早期保教设施——认定儿童园",笔者被这一现象所触动,结合教育实践,重新思考了催生世界保教一元化潮流的保教观。

第二章"市场原理和保教质量"。

本章以近年来政府发表的有关调查报告为素材,对推进"保教制度市场化"立场出发的"保教质量论"进行了批判性探讨,指出了在经济与保育政策之间显然存在的严重曲解。认为即使绝对优先考虑经济效率,一旦论及保教政策,也必须在现实中提出负责任的保教观。

第三章"第三者评价:指南化与保教质量"。

本章对"保教实践的市场化"所引出的、与第三者评价和服务标准化这一话题有关的每个现实问题进行了具体讨论。笔者认为,第三者评价和服务标准化是以依靠市场为纲的,在如此漠视保育者专业性的确立和提高,确保保教的实践质量不能不说是很难的。

第四章"保教质量研究业已明确的几个问题"。

本章以保教中人与人的关系为切入口,将欧美有关保教质量的研究成果导入到实践中,以此方式对日本保教状况进行整理。笔者认为,当保教质量被定义为是"实现每一个人的正当权利和要求"的过程时(就目的性而言),保教质量就必须作为"人与人和其生存关系的发展"过程来进行分析。本章从"关系"论的视点出发,力图阐明,为了提高质量,保育者、早期保教机构应当怎么做,为改善保教条件需采取什么具体措施。

从总体来看,拙作是在向市场原理转换的社会背景下,对保教观的一次主动的重新审视,其试探性回答只不过是一串不成熟的足迹而已。但是，我相信，把每个人的自问自答编织起来，这个社会的保教观将会更加充实地得到发展。我唯一的愿望是，让这些观点能够成为丰富多彩的社会对话的一点素材。

著者

2006 年 7 月

第 一 章

现在——追问保教观的时代
两种保教观、世界和日本的保教改革

一、在当下的生活中培育儿童
——世界经合组织报告《强有力的人生之初》的启示

（一）免费早期保育和教育的世界潮流

开始迈向强有力的人生吧！

这是 OECD（世界经合组织的简称，由先进工业国组成的经济合作机构，共有 29 个国家加盟）2001 年刊发的关于保教制度的调查报告书的标题。报告中，简洁地概括了近年来 12 个先进国家（澳大利亚、比利时、捷克、丹麦、芬兰、意大利、荷兰、挪威、葡萄牙、瑞典、英国、美国）的早期保教政策动向，内容深刻，非常耐人寻味[1]。比如，早期保教机构（包括从 0 岁到入学前儿童可利用的所有机构）的收费，在题为"欧洲诸国开始学前两年的免费教育"的报告中说，有 9 个国家是实行至少学前一年免费。其中，比利时是从 2 岁半开始，意大利从 3 岁开始，澳大利亚、荷兰、英国从 4 岁开始实行免费。

对报告书中各国关于保教权利的规定和免费状况总括如下

（见表1）。

表1　各国关于早期保教权利的规定和免费状况

	早期保教权利规定	早期保教免费范围
澳大利亚	无	4 岁半到 5 岁,大部分州免费
比利时	2 岁半到 6 岁儿童的保育权利	2 岁半到 6 岁免费
捷克	无	收费
丹麦	6 岁儿童入园和学童保育的权利（1—5 岁虽然没有保育权利的规定,但是 87％的自治体都确保所有的幼儿入园）	6 岁入园（半日制）免费
芬兰	·0 岁到 7 岁的保育 ·在幼儿园免费教育权利 ·学童保育的权利	6 岁入园（全日制）免费
意大利	3—6 岁幼儿学校的就学权利	3—6 岁的公立机构免费
荷兰	4—6 岁幼儿学校的就学权利	4—6 岁免费
挪威	无（4 岁以上幼儿 80％入园,已接近全员入园）	收费
葡萄牙	从 5 岁开始免费保育的权利（已从 2002 年开始 4 岁）	5—6 岁免费
瑞典	·给双职工的儿童（1—12 岁）义务提供免费教育 ·双语儿童免费保育的权利 ·6—7 岁儿童免费保育的权利	双语儿童以及 6 岁幼儿免费（计划分阶段向 5 岁、4 岁延伸）
英国	4—5 岁免费上保育学校的权利（计划分阶段向所有 3 岁幼儿延伸）	4—5 岁免费（每周 5 天,1 天 2.5 小时以上）
美国	无（有两个州 4 岁儿童全部入园。大部分州 5—6 岁的儿童有 80％入园,均半日制,免费。）	收费（除左边提到的以外）

这意味着,当今世界已经进入全球性的实施免费学前教育的时代。

婴幼儿期是人生发展的最初阶段,有着极为重要的意义。处境不利的婴幼儿尤其需要优质的早期保教。为此,以提高早期保教质量为目标的国家投资是绝不可少的,报告书中强烈地表达了这一观点。

(二) 两种儿童观—保教观
——是"作为未来劳动者的幼儿"还是"作为生活在当下的公民的幼儿"

报告书中最意味深长的是将对早期保教目的的看法大致划分为两股思潮。无论是从婴幼儿期是人生发展的奠基阶段来看,还是从对社会自身发展的极其重要的意义来看,早期保教的重要性都已经成为世界各国深广的共识。但是,早期保教为什么重要,各国的理解其实是不同的。

第一种思考方法是"在全球化经济的激烈竞争中,为了婴幼儿能成为未来的劳动力,必须在幼儿期让他们为学习做准备,为入学做准备"。在这里,婴幼儿是被作为未来的劳动力来看待的。从这一立场出发,早期保教作为"入学的准备",所以很重要,早期保教的成果也自然由其对"学业的成功"是否有用来决定。报告书明确地指出,当这种倾向处于强势的时候,"学校教育课题的推进力变得很大,即要求幼儿期里必须教授读、写、算等特定技能和知识,而对在幼儿期应当掌握的其他课题会发生轻视的危险"。

与此相对,第二种思考方法是,不仅看到幼儿时代作为未来准备期的重要性,还认为"幼儿期本身也是具有重要意义的人生的初始阶段"。

下面的一段文字充分地诠释了这一思考方法,这是报告书中介绍的挪威政府文件中的一节。

"幼儿时代,作为人生的一个阶段,是一个其本身就拥有极高价值的时代。对幼儿来说,自由的时间、独自的文化和游戏都是有决定性意义的重要东西。……幼儿能够基于自己的思考、自己的兴趣而生活,让幼儿始终保持那种意味的生活是保育者必须牢记在心的追求,保教机构的管理运营必须秉此进行。""能够按照自己的思考、兴趣生活"、"始终能够在安心的状态下生活",这些都是幼儿之所求,也是许多保育者的强烈共识。甚至可以说,早期保教的原点凝聚于此,这是我们应该随时返回的原点。

(三)"对儿童来说有意义的生活"和"面向未来的准备"之统一

OECD 的报告书批判了第一种思考方法,支持了第二种思考方法。但是,这不是把两种思考方法简单地对立起来,迫使两者选一。因为在我们的思想当中,两种儿童观——保教观常常是并存的。是"当下的生活",还是"未来的准备";是视儿童为"合格的公民",还是视为"将来的劳动力";是要"原生态的生活",还是要"基本的学习能力"……如果被迫作极端的选择的话,我是想选择前者。但是,头脑中不考虑面向未来的准备、教育等,显然很不现实。

不是两者必居其一的选择,而应把两者联系起来——首先非常珍视"作为生活在当下的公民的儿童",让儿童"能够按照自己的思考、兴趣生活",而又将之视为最好的"未来准备"——报告书特别强调了把两者如此统一起来的必要性。

在报告书中,通过引用如下澳大利亚某州的课程编制指南,将两种儿童观——保教观很好地统一起来。

"儿童,在这个社会中,他们是当下共同生活的公民的一员。对儿童的生活、学习、发展的投资,不是指望未来他们会给我们什么回报,而是认为今天生活在这里的儿童本身是非常宝贵的。一个儿童的早期保教经历就是他的人生经历,也同时是面向未来人生的准备"。

保障每一个"生活在当下"的儿童过"有意义的生活",将让他们未来的人生充实而精彩。正因为如此,报告书指出,两种儿童观—保教观应当是统一的。同时报告书还指出,把"教育"和"福利"、"生活"和"学习"、"现在"和"未来"截然划分开来是不可能的;用"早期保教"和"儿童福利"两个词分别说事的表述方式有必要改变,而只需用"保教"(early childhood education and care)这一个词来进行表述。

　　这样一来,在儿童的生活和教育不可分离的统一保教观的理念下,早期保育和教育的一体化就成为国际性的发展潮流了。

二、日本的保教政策和"两种保教观"问题

(一) 幼儿教育的"强化"政策及其保教观

为什么OECD要把选择——重视"作为入学准备的教育"还是重视"当下的儿童的生活"——这两种保教观作为一个问题呢？无论把立足点放在哪方，或许都会被认为是一个十分抽象的问题。但是报告书指出，在这个问题里包含着左右今天各国保教政策方向的最重要的论点。该问题也正好适合日本保教政策的现状。

下面，来看一下两种保教观是以怎样的形式体现在日本的保教政策中的。

作为目前保教政策特征的动向而应予以关注的是，日本要把"幼儿教育的充实强化"提高为国家级的重要施政政策。

2005年参议院选举时，自由民主党（日本的执政党——译者注）在其标题为《幼儿教育应作为国家战略予以重视》的讲话中曾经承诺："为从幼儿期起就能培养每个儿童坚强的生存能力……要设法充

实保育所、幼儿园的早期保教功能。与此同时,要实行幼儿教育免费制度。进一步妥善处理旨在提高儿童生存能力的儿童福利政策、教育政策和劳动政策间的结合(着重点为笔者所加)。"

其后,《读卖新闻》在2006年1月1日发表的题为《从幼儿园起实行义务教育》的文章中说:"政府和执政党重申在原有的9年义务教育的基础上增加幼儿园等学前教育,即延长义务教育年限到10—11年的方针。"该文还谈及实行义务幼儿教育的背景"防止儿童、学生学习能力下降已成当务之急,加之旷课、欺侮他人、不当行为等问题越来越多"。文章还指出其目标是"幼儿教育成为义务教育之后,如能从幼儿园、保育所起直到中学的教育课程实行一贯制教学的话,能够提高教学效果,减少旷课逃学等不良情况"。接着,文章还介绍了执政党的意见:"诸多国家都在延长义务教育年限,这是个方向。日本也处于认真讨论的时期。"文章以英国的做法为代表性例子,指出:"原来英国实行从5岁起始的11年义务教育制度,从2000年起,对不到5岁的儿童也开始实行免费的早期保教了。"

同年4月,日本自由民主党、文教制度调查会、幼小教育委员会汇总提交了《关于实行幼儿教育免费的问题》的报告。其中第一项政策性建议是:"为从婴幼儿起就能培养每个儿童的生存能力,需要充实贯通保育所、幼儿园的早期保教功能(着重点为笔者所加)。"这一观点是主张暂缓执行把幼儿教育马上列入义务教育范围。这种"修订并完善幼儿园指导纲要,提高教员素质"、"通过包括确定保育所早期保教方针在内的、继续确保其与幼儿园指导纲要的整合性,来强化保教机构的早期保教功能"之类的论调非常盛行。

为与政府、执政党一方提出的"强化"幼儿教育的政策步调一致,2005年1月发表的中央教育审议会答申报告说:"鉴于儿童生活环境的变化,今后的幼儿教育是进一步充实保证幼儿生活的连续性及其学习和发展的连续性的幼儿教育"。报告认为,必须"通过家庭、社区、幼儿园等早期保教机构各自功能的协作,确保幼儿日常生活的连续性及其学习和发展的连续性,同时,要充实幼儿教育,以使幼儿能顺利地进入小学学习(着重点为笔者所加)。"

考虑到至今为止的《幼儿园指导纲要》一直强调幼儿阶段的固有性和游戏的重要,而这次答申报告则对以往没有提到的"学习"的重要性和"发展的连续性"进行了强调,从中可看出关注的重点在变化。从提高学习能力、抑制问题行为的视点来看,再从强化与中小学的衔接、一贯性的视点来看,可以认为政府将对充实幼儿教育采取至今未有的认真措施了。然而明显可见的是,其保教观是立足于 OECD 批判性地介绍的"作为未来劳动者的儿童"和"为入小学作准备的教育"的思考方法上的。

(二)"成人主宰的教育"与"儿童自身生活"的分离
——尚未一元化的"认定儿童园"的"保教观"

日本保教政策的又一应关注的动向是创设"认定儿童园"的问题。

关于"认定儿童园",笔者拟另作详细论证。仅仅就其结论来看,笔者认为,它的登场是为了向基于市场原理的保教制度转变,将之作为新制度的框架而设立的。如果注意到幼儿园功能与保育所功能的合而为一(具体说来,是将接受原保育所全日制保育的儿童与原幼儿园接受半日制保教的幼儿合并在同一机构中,由同一批保育者实施保教)①,就可知道它是具有"符合市场原理的保育所与幼儿园一体

---

① 日本的早期保育教育机构主要是幼儿园与保育所。幼儿园归科学文部省(相当于我国的教育部)管理,一般是为 5—6 岁的幼儿提供学前一年(也有两年、三年的)的教育,幼儿每天在园时间比较短,多是半日制。保育所归厚生省(相当于我国的卫生部)管理,一般是保育 0—6 岁的婴幼儿,每天保育时间比较长,是全日制。两种保教机构是平行的,这种体制被称为幼保二元化。——译者注

化"特征的保教机构。

以前,接受全日制保教的儿童进入"保育所",接受半日制保教的儿童进入"幼儿园",幼儿园和保育所之间各有侧重与分工。与此相对,在这种"认定儿童园"中,保育常态变为两类儿童在同一教室里、接受同一保育者进行的不同内容的保教了。政府称之为具有"迈向保教一体化的第一步"的重要意义。确实,以这种做法为常态的保教机构在日本是从未有过的。然而,问题在于,如何把过去的"保育所保育"和"幼儿园教育"整合、统一在一起。

为创设"认定儿童园"而制定的法律(关于推进综合的学前儿童教育、保育服务的法律)的第3条是这样说明两者关系的:"幼儿园型"的机构,"按幼儿园指导纲要编写的教育课程进行教育","这段时间结束后,对未受过保育的幼儿进行保育";另一种"保育所型"的机构,除"对未受过保育的儿童进行保育"之外,还进行"对其他幼儿的教育",并且"按学校教育法第7条和第8条提出的目标进行"(还根据其原来保教机构类型,把"认定儿童园"分为下述四类:①认定幼儿园和认定保育所联手办的"幼—保联手型";②认定幼儿园延长保育时间、加强保育功能的"幼儿园型";③认定保育所强化幼儿园教育功能的"保育所型";④幼儿园和保育所都是未被认定的保教设施①,由地方自行认定的"地方裁定型")。

根据保教机构的类别,有的机构是在"教育结束"后,开始进行"保育";有的机构是不仅进行"保育",认为"教育"目标的实现也是必要的。这些不同的做法,不论哪一种,其实不外乎都是装模作样的保教"综合化"。值得注意的一点是,保育和教育可以说仍然被置于"相互分离、相互对峙"的状况。什么单单"保育"是不够的,没有"教育"

---

① 日本教育行政部门按一定标准与条件对保教机构进行审批。符合标准的保教机构被认可,成为认可幼儿园、认可保育所等。而不符合标准的则被列为未认可机构。对未认可的保教机构如果的确需要也允许举办,但这类机构因为条件差带来许多问题。——译者注

是不行的说法,其实质是把"教育"放到比保育更高的位置上去了。为什么教育与保育要相互分离、要强调前者呢?

看一下"认定儿童园"的认定基准即可明白这一问题。

以"便于已有保教机构的转型"为理由,现在国家制定的"认定儿童园"基准比现行幼儿园和保育所基准都低。"认定儿童园"基准的指导方针已经清楚地表明,其基准低于现行幼儿园、保育所基准。具体事项例如:

① 在与饮食相关的烹调室及专任烹调员的配置上,基准规定在一定条件下可以不予配置(而在现有保教机构中规定必须配置)。

② 上午必须以年级为单位进行教育,下午则视接受保育的对象的情况而定,分类进行保育,无具体规定。

③ 在职员配置上,形式上似乎继承了幼儿园、保育所的做法——3 岁以上的儿童实施半日保教,师生比为 1∶35;全日制保教,四五岁幼儿的师生比为 1∶30;3 岁幼儿的师生比为 1∶20;一二岁的幼儿师生比为 1∶6 等。

但实质上,配置比例呈下降趋势(由于是按不同年龄段、不同长短的保教时间,以不同比率计算出相应的保育者数,结果又只算到小数后第 1 位,因此,最后加起来确定的总保育者数可以预想是偏低的,每个保育者实际带的儿童数会超过按上述比例计算出的人数。另外,幼儿园设置基准中规定各年级要配置专任教师,而"认定儿童园"基准中却没有这一条)。

请设想一下没有烹调室的"认定儿童园"中的儿童将吃到什么样的饭菜。半日保教的儿童可能是自带盒饭,全日保教的儿童的午餐则可能是由外部配送盒饭。饮食的重要性众所周知,在幼儿园里居然还请家庭主妇来帮助做饭菜,这可能是现在处于转型阶段的幼儿园实在迫不得已的做法。降低烹调室设置规定的做法明显是在降低保育所的最低基准,是与儿童的需要背道而驰的。

作为儿童的一个生活单元的下午时间该怎么安排呢？"认定儿童园"基准中完全没有这方面的规定。在保育所里，尽管各班都有保育室和保教老师，然而，与上午不同的是，在下午班级里不设置专任带班老师。或许基准制定者认为，下午的生活不是"学习"了，"饮食"与"教育"没有什么直接关系，所以无关紧要。

"保教一体化的尝试"是应该进行的。但出台现在这样草率的基准，目的是对与儿童生活本身直接相关的事项，如儿童的游戏、饮食、同伴以及与成人的关系等等，都放宽规定，降低标准。比起教育来，"保育"和"儿童的生活"显然都被置于低一等的地位了。

至此，可以清楚地看到，日本政府一直在强调"作为强化入学准备的幼儿教育"，其保教观实际上背离了"重视儿童当下的生活"的理念。

重视与未来紧密相关的"当下儿童的生活"，是 OECD 报告书中明确表达的保教观。日本政府却与此相反，对"儿童的生活"作如此草率的处理，仅只对"上午的教育"给予重视、强化，其结果是不可能将儿童的生活与教育作统一规划的。缘此，当然也就容许降低对儿童生活的最重要的事项的规定了。这样，"保教一体化"只不过是挂在口头上而已，一体化仅仅只是合并设施场所和机构名称罢了。

不能期待政府来做什么，我们自己必须树立与"全球（universal access）时代"相适应的保教观。换言之，树立为所有儿童提供生活与教育统一的保育与教育的保教观。为此，需要进一步明确的是，高度重视儿童的生活，并以此为核心实施保教，应与如何面向未来的教育融合起来。超越幼儿园、保育所和"认定儿童园"在制度上的分歧，让所有保育者牢固地树立起共同的保教观，应有可能改善低劣的日本保教条件。

"认定儿童园"这一新型保教机构让接受半日教育的幼儿与接受全日保育的婴幼儿都进入同一机构里进行保教。所以日本政府称之为实现幼保一元化的第一步，但笔者对此持不同观点。

三、重视"儿童当下的生活"的保教
——瑞吉欧·艾米利亚实践的儿童观

日本政府正在以全球经济竞争的激化为背景,推行以确保"未来劳动力"质量为目的的"强化作为准备教育的幼儿教育",建立和发展明显不考虑儿童自身生活的所谓新"认定儿童园"制度。然而,OECD 报告书指出:同样是面临国际竞争的形势,有的国家赞同以英国、美国为代表的(日本也加入此列)"准备教育"的保教观;而有的国家则以"作为一个公民的儿童"、保障其"充实的当下的生活"为保教的基本理念,并据此推行保教政策,形成了一股极大的潮流。

所谓重视"儿童当下的生活"的保教究竟包含什么意思呢? 重视"儿童当下的生活"将如何保障儿童的学习和发展呢? 报告书以几个令人关注的幼儿教育实践为素材,明确表述了什么是真正可能实现的保教一体化的新保教观。

（一）发现儿童是"有能力的学习者"

首先以意大利瑞吉欧·艾米利亚市的幼儿教育实践为例。无疑，瑞吉欧是世界上最优秀的幼儿教育实践之一，是当今"重视儿童生活"的保教观的最重要的发源地之一。请关注瑞吉欧保教实践所秉持的儿童观，以明确为什么"重视儿童当下的生活"的保教观会在那里确立并扎根。

可以说，瑞吉欧·艾米利亚幼儿教育实践最大的特征是那里保育者的儿童观。最能体现其儿童观的是这里附上的6张一组的照片。据说不论哪位介绍瑞吉欧·艾米利亚幼儿教育实践的书刊都要引用这些照片，他们对参观者也都会自豪地介绍这些照片。下面，我以这6张照片为素材来说明瑞吉欧·艾米利亚市的保育者探索"有能力的学习者"而作出的"儿童的发现"是怎么回事[2]。

出生10个月的一个男孩坐在椅子上，一本杂志摊开在桌面上，男孩正在翻阅这本杂志（照片①）；翻到有钟表的一页时，男孩似乎要探出身体来看（照片②）；他手指着那个表，看上去似乎有什么要问坐在边上的保教老师（照片③），老师大概是在说"嘀答嘀答"、"是表，看呀"。看到男孩那样有兴趣，老师心里想："噢，你是不是对表有兴趣啊。让你看看真的钟表吧，你或许会很高兴吧。"为能更激发男孩的兴趣，老师给男孩看自己手腕上的真正的表。于是，那男孩露出得意的表情听着，不断地指着手表说"我……知道……钟"（照片④）。

我想，从这里开始是儿童"自身具有学习能力"的证据。

老师将手表贴到男孩的耳边，让他听那嘀答嘀答的声音。接着，男孩显得有些惊奇，眼睛睁得大大的。他心里也许在叫着："是表啊！能发出声音呢！"（照片⑤）。下一个瞬间，男孩一下子把耳朵紧贴到杂志的钟表上，似乎念叨着："一样都是表，这个表一定也会有滴答滴答的声音吧。"他马上想确认自己的"推断"，显露出自己有了新发现（照片⑥）。

照片①

照片②

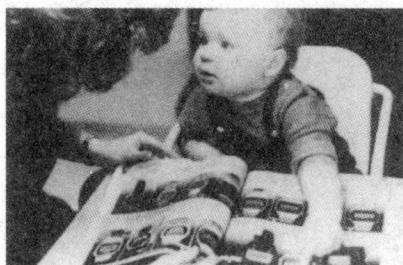
照片③

照片④

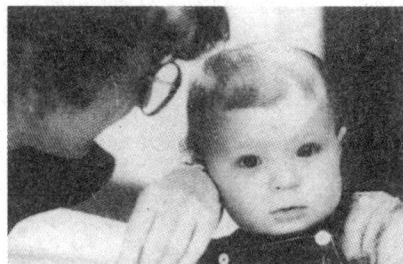
照片⑤

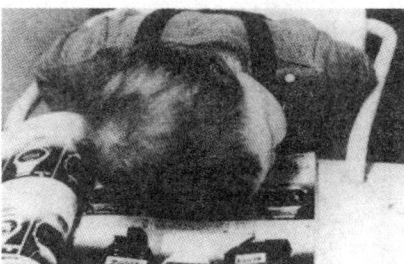
照片⑥

引自《儿童的100种语言——瑞吉欧·艾米利亚市的幼儿教育》C. 艾得华兹/加德尼/弗曼编　佐藤学·森真理·塚田美紀译　世織書房 2001 年转载

（二）保教就是创造"对儿童有意义的生活"

那么，从这些照片中能读取到什么信息呢？

第一个信息是，"儿童自身是具有强烈的学习欲望和学习能力的"。

以其视觉特征（指针的移动和表盘的设计）而认识钟表的那个男孩听到了声音，他注意到钟表是由"视觉形状"和"声音"这两个要素组成的。并且，他自己想去确认这一想法是否正确。老师们称这种男孩的表现是"好像是想发展自己的关于钟表的理论"。

也就是说，儿童从尚不能说话时就已经开始掌握了"发现、思考、建立假设、确认"等学习的基本方法。从婴幼儿阶段起，儿童就想用自己具备的所有能力来理解周围的世界，他们是"具有自我学习能力"的人。瑞吉欧·艾米利亚市的保教老师认为，成人或许会忽视儿童的这种学习欲望和能力，所以必须全神贯注地认真听取儿童真实的语言。他们对待儿童的这种态度充分地表现在瑞吉欧·艾米利亚的名言上："儿童有 100 种语言，而我们成人往往只能听懂一种。"

第二个信息是，"儿童在生活中能学习得最好"。

那个男孩之所以能最大限度地发挥其"自我学习能力"，是因为学习对象是他"很喜欢的钟表"。如果是其他的东西，也许他就没有这样专注了。即是说，因为是能激发儿童自身兴趣和关心的活动，保育者又能很好地与之互动，所以儿童不仅能专心致志地学习，还有可能建立关于"我最喜欢的钟表的新理论"。

可以说，如果保育者没有对儿童这样的认识和做法，不关心儿童的兴趣和爱好，那么，让儿童探究"钟表的新理论"几乎是不可能的。近年来关于儿童问题研究的结论表明：为促进儿童语言的发展，成人围绕儿童自身关心的话题创造对话的机会是极其重要的。为什么呢？因为在那种情景下，儿童能够进行比我们想象的远为复杂的对话，其效果也大大超过成人单方面提问式的对话，尽管后者也是促进儿童语言发展的一种方法。

学习活动如果不与来自儿童自身生活的兴趣和爱好相匹配，是不可能激发儿童的"自我学习能力"的。

重视"儿童自身的生活"的保教观在实践中已经得到了广泛的支持。正因如此,保教实践是有可能批判性地超越"生活"与"教育"的割裂状态的。

第三个信息是,儿童不是作为孤立的个人而获得成长的。

儿童是在与人交往、与事物交往的过程中被培育出来的。因此,这种交往的丰富多彩是极其重要的。前面 6 幅连贯的照片已经明确地诠释了这一点。正因为在保育者与儿童之间展开了丰富细腻的、同感共鸣的交流,才能引导儿童发现钟表的特征。那男孩手指着杂志上的钟表时,似乎想叫自己十分喜欢的成人告诉他有关钟表的故事,而保育者感受到了钟表对这个男孩的特别的魅力,因此,才会让男孩看一看、听一听真正的钟表。可以说,保育者与儿童间的这种共鸣的互动交往创造出了学习的契机。

在这一组照片中,保育者最重要的行动发生在第 1 张照片。因为翻阅广告杂志的男孩身边如果没有那位紧靠着的保育者的话,其后与男孩之间愉快的互动就不会发生了。那男孩在随意地翻阅杂志、正好看到那一页时,保育者能渐渐地和他互动起来,其结果让男孩的"钟表世界"得以大大地扩展。

瑞吉欧·艾米利亚幼儿教育实践中最重要的一点是,当儿童对什么东西感兴趣、全身心地投入某种活动时,一定要接近这个儿童,要想办法知道那种活动对他具有什么样的"意义"。"关心儿童所关心的事",这对保育者来说,是比什么都重要的、最需要具备的素质。

新的保教观就是这样形成的。即,儿童基于自己的兴趣和爱好进行活动时,正是他具有最好的"学习"状态的时候。所谓"保教",就是与儿童一起创造"对儿童有意义的生活"。保育者最重要的工作是与儿童交往,以发现、理解儿童活动中显露出来的兴趣和爱好。

总之,"具有自我学习能力"的儿童的发现必然导致"重视儿童生活的保教"的出现。

四、"重视儿童生活"的课程结构

——新西兰 Te Whariki 课程中所看到的生活与教育

(一) 什么是 Te Whariki

儿童观的更新唤起了对儿童自身生活质量和对儿童有"意义"的事物的关注。必须进一步明确的是,如何才能创建儿童感到"有意义的生活"。

如何才能使儿童的生活变为"有意义的生活"呢? 为解决此问题而编写的代表性课程是新西兰教育省发行的幼儿课程《Te Whariki》,下面以此为素材加以讨论[3]。

为什么要以这一称之为《Te Whariki》的课程为素材呢? 现在从它编制过程的特征开始来说明其理由。

第一,因为该课程是集实践者和专家的意见编制而成的。

提升幼儿期教育"作为准备教育的效果"的压力并非只有日本才有,英国也在推行课程编制细则,要求保教机构执行,内容是要求幼儿入学前应掌握的"学习目标＝保育目标"。与此相反，新西兰虽然也受到相同的压力，但他们一直努力进行保教实践改革，并在广大研究人员的协作下编制成功了 Te Wharik。

在新西兰有多种类型的保教设施，从 20 世纪 80 年代后半期起，政府对幼儿教育的质量和课程就显示出极大的关心。进入 90 年代后，政府中设立了专门制定幼儿教育新课程标准的委员会。从该委员会设立起，经过 5 年时间的相关人员间——实践工作者、研究人员、研究机构、土著毛利人代表、家长、调解部门、政府机关、教员工会等——的广泛议论，于 1996 年正式公布了幼儿教育新课程标准。当时，政府要求新课程制定时要明确表明和小学阶段课程的衔接关系，委员会也是按此要求来制定课程标准的。在这一点上，他们和英国的做法没有什么区别，但不同的是，这一工作始终是以保教实践人员和专家的意见为基础而深入开展的。

第二，立足于重视"儿童当下的生活"这一保教观。从"Te Whariki"这一爱称的说法上就充分地体现出来。

"Whariki"这一毛利语的基本意思是"编织成的东西"，该词语常用来指"垫子"、"蜘蛛网"等东西。用"Whariki"来称呼课程，其中包含着几种意思的课程比喻。一种是将课程比喻为"谁都能坐的垫子"，这包含着这样的信息：希望保教的具体活动内容和思考方法要多种多样；课程目标如何达到，应取决于具体的设施条件，不应以课程要求来束缚具体的活动内容和方法等。另一种比喻是更为重要的。因为"Whariki"是纵横交错地、复杂地编织在一起的网，所以有"向四周张开的蜘蛛网"的意思。以此为课程比喻意味着：儿童不是直线形式地增加其知识、技能的，不是笔直地线性成长的，而是通过各种经验及有意义的活动，使他们内心的知识和经验渐渐地丰富起来的。主张"作为入学准备教育"这种保教观的人，常常把儿童的成长比喻为"阶梯"，而"Whariki"则与这种让儿童沿着成人设定的"课程阶梯"一级级往上提升的学习形态宣告诀别。它告诉我们,儿童的成长犹如在锦缎上编织复杂图案,是一点点扩展开去的。使儿童健康成长的保教工作是一项丰富而复杂的人类活动。

第三,该课程具有这样的重要特征,即积极地探索如何做才能创造出对儿童"有意义的生活",在儿童的生活中应"学习什么"。

该课程不是狭隘地看待学前准备,而是从更广阔的意义上,即从"终身学习"这一视点出发,来把握早期保教学习的内容。"入小学时儿童的成长风采"也从多方面加以具体地描述。该课程不是简单地排斥"准备教育的压力",而是设法通过保障儿童"有意义的生活",来探明如何做才能使丰富的"教育"成为可能。

(二)"有意义的生活"就是"基于儿童的愿望营造出来的生活"

下面,具体介绍一下新西兰的 Te Whariki 课程。

"Te Whariki"由 A、B、C、D 四部分组成。

A 部分是总论,简要描述了保教的"原理"、"领域"和"目标"。此外,还描述了"早期保教设施的现状"、"当前实际的学习情况"、"婴幼儿(一二岁)、幼儿(3 岁以上)的特征"、"课程实施上应注意的地方"。

B 部分是用毛利语作的解释。

C 部分是"幼儿课程的原理、领域、目标",并分别作了详细说明。

D 部分是"新西兰学校的课程和 Te Whariki"。该部分描述了中、小学教育与基于"Te Whariki"的幼儿教育的具体衔接架构。

课程以 C 部分为中心,其中的聚焦点是"领域与目标",对其具体内容进行了介绍。在这部分中具体描述了重视"有意义的生活"的保教理念[4]。

在"Te Whariki"的起始部分这样描述了保教所追求的儿童形象:

身体、精神健康；
有作为群体一员的归属感；
希望自己对社会作出有价值的贡献；
是有能力的、自信的学习者；
能与人进行交流。

　　为了培养这样的儿童,必须设置什么样的课程呢?"Te Whariki"的回答是:"课程应当指向这样的目标,即让儿童亲自体验和经历人们所渴望拥有的未来生活。"

　　为此,该课程从构成上述儿童形象描述中取出了五个要素,据此作为保教具体目标的五个领域。即"健康"、"归属感"、"贡献"、"交流"和"探究"。每个领域再确定 3—4 项目标(参照表 2)。这一课程构成的思路简而言之就是:在保教机构中,让儿童能够体验到与人们所期待的未来生活一样的生活。这样,儿童就会朝着如上所述的儿童形象健康地成长。下面以这样的思路来看一看作为保教目标的"领域"。

　　首先,为培育"身体、精神健康的人"必须让儿童体验"身心健康、心情愉快和安全的生活"。为此,第一领域确定为"健康与幸福(well-being)"。营造一个"能培育和保持儿童的身心健康、愉快心情"的环境便成为保教的首要目标。

　　同样,为了培养具有作为某一群体成员的自豪感和责任感的人,营造一个"儿童及其家长都能有充实的归属感"的环境比什么都重要。所以,第二个领域确定为"归属感(belonging)"。

　　第三个领域是"贡献(contribution)"。通过营造"为每个儿童提供公平学习的机会,使其感到自己作出的贡献受到尊重"的环境,就能培养出愿意积极地为社会作出贡献的人。"贡献(contribution)"是与此密切相关的。

　　第四个领域是"交流(communication)"。它不是指简单地提高交流能力,而是指必须重视营造一个能接触不同文化的环境,一个"十分尊重扎根于自身文化和其他文化的语言、表征"的环境;培养能相互争论、相互表明文化价值、进行交流的儿童。

最后,第五个领域是"探究(exploration)"。探究这一说法也许比较生硬,简言之,它是与使儿童感到兴奋、激动、紧张或心动的游戏和探索活动相联系的领域。这一领域具体描述了怎样进行保教,通过"主动探索周围环境、进行自主学习"的方式,把儿童培养成主动的、充满自信的学习者。

表2

领　域	目　　　标
1. 健康:保护和培育儿童身心健康、情绪愉快	① 让儿童生活在:促进其健康的环境中 ② 让儿童生活在:让其精神愉快的环境中 ③ 让儿童生活在:保证其安全的环境中
2. 归属感:儿童及其家长都感觉自己是某一群体的成员,有充实的归属感	① 让儿童和家长生活在:非常重视他们与家族成员以及更广阔世界的联系,并使这种联系更加扩展的环境中 ② 让儿童生活在:有助于他们了解自己居住地的环境中 ③ 让儿童和家长生活在:能体验到日常活动、风俗习惯、节日庆典等带来的愉快的环境中 ④ 让儿童和家长生活在:能让他们了解必要的行为规范的环境中
3. 贡献:提供无差别的、公平学习的机会,尊重每个人作出的贡献	① 让儿童生活在:与性别、能力、年龄、民族和家庭环境无关的、能保障其公平学习机会的环境中 ② 让儿童生活在:每一个人都受到尊重的环境中 ③ 让儿童生活在:鼓励他们与其他儿童共同学习的环境中
4. 交流:接触并尊重扎根于自身文化和其他文化的语言与象征物	① 让儿童生活在:为了各种各样的目的而发展其非语言技能的环境中 ② 让儿童生活在:为了各种各样的目的而发展其语言技能的环境中 ③ 让儿童生活在:能接触到自身文化或其他文化的传说、故事、象征物等的环境中 ④ 让儿童生活在:能让他们发现、发展多种方法去进行表现或创造的环境中

领　域	目　　标
5. 探究：儿童通过自己主动探索周围环境、深入进行学习	① 让儿童生活在：游戏作为有意义的学习能够受到尊重、自发性游戏的重要性能够得到认同的环境中 ② 让儿童生活在：能获得自信和自我控制能力的环境中 ③ 让儿童生活在：能够主动地探索、思考，学习合理的方法的环境中 ④ 让儿童生活在：为了获知自然界的、社会的、身体的、物质世界的知识，能让他们发展其学习理论的环境中

综上所述可以看到，"Te Whariki"课程的五个领域确实抓住了婴幼儿期儿童成长的基本课题，如他们想如何度过每一天的生活，他们在怎样的心灵变化中成长等等。课程追求儿童情绪愉快，有安全的生活环境和居住场所，有发挥自己能力的机会，让儿童通过故事、自然、文化以及和共同生活的人的交往和对话，实际地感受这个世界及其生活于其中的意义，发展自己对学习的渴望与能力。在五个领域里，充满了保育者对儿童的理解，以及接纳儿童的生活愿望并努力将之变成现实的热情。课程凝聚着新西兰社会对儿童成长的殷切期望，期待儿童向着理想的方向成长。尽管如此，并不是把成人的期待就设定为教育目标，而是在接纳儿童心灵的变化、愿望、成长能量的前提下，为之提供心灵成长的激励目标。

在"Te Whariki"课程中，儿童日常生活的"意义"和"质量"充分体现出其独有的特色。所谓重视"儿童当下的生活"的保教，正是这样的以满足儿童对"生活质量"的需要为目标而开展的保教工作。

（三）儿童在生活中学习

"Te Whariki"课程十分重视儿童对日常生活的"意义与质量"的需求。当然，在日本保育所的保育指南和幼儿园教育指导纲要的相关部分中,也都提及"情绪稳定"、"自我发挥"或"人权"等与儿童的生活质量和意义相关的内容。然而,这些内容并没有作为保教的目标,说到底,不过是当作保教方法或应注意的事项罢了。

在保育所的保育指针中,保育者对儿童生活的关心被简化为"养护"这一概念,而对儿童自发活动的积极支持与互动则被认为是"教育"的事,把"养护"和"教育"两者割裂开来。教育的目标是促进五种能力的发展,这五种能力是与健康和身体活动相关的能力、与人际关系相关的能力、表现的能力、与语言相关的能力及适应与认识环境的能力。保教的目标仅限于能力发展方面,儿童自身生活的质量和意义仅仅只作为应考虑的问题来处理。

与此相反,"Te Whariki"则把儿童日常生活的"意义"和"质量"作为保教目标来对待,表现出独到而深刻的理念。遵循这样的理念,"Te Whariki"明确了儿童应学习什么,同时表明"能力的发展"和"生活的意义"是不可分割的。

"Te Whariki"各领域的内容结构如图1所示。这里仅以第二领域"归属感"为例来说明统一的表达方式。其他各领域也都首先列出目标——应追求的生活的具体形态。图2是表示与"归属感"相关的4项目标(参见表2归属感的目标)。

儿童刚开始在保育所、幼儿园这一新环境生活时,往往会感到紧张和不安。但是,当他们看到母亲与老师亲切交谈的样子或愉快地玩与在家里一样的游戏时,就会渐渐地消除最初的紧张与不安。"Te Whariki"指出,这一过程是消除儿童的紧张与焦虑的过程,同时也是儿童的学习过程,在这一过程中儿童会明白,保育所、幼儿园,这些自己觉得与家完全不同的另一个世界,同样也是有人有物、与家相连接的地方(家园的连续性)。这是儿童的第一项学习成果,即"通过接触像家里一样的人与物、情景、语言、声音、气味和味道等,一步步理解自己与幼儿园、家庭等身边的世界之间的联系"。

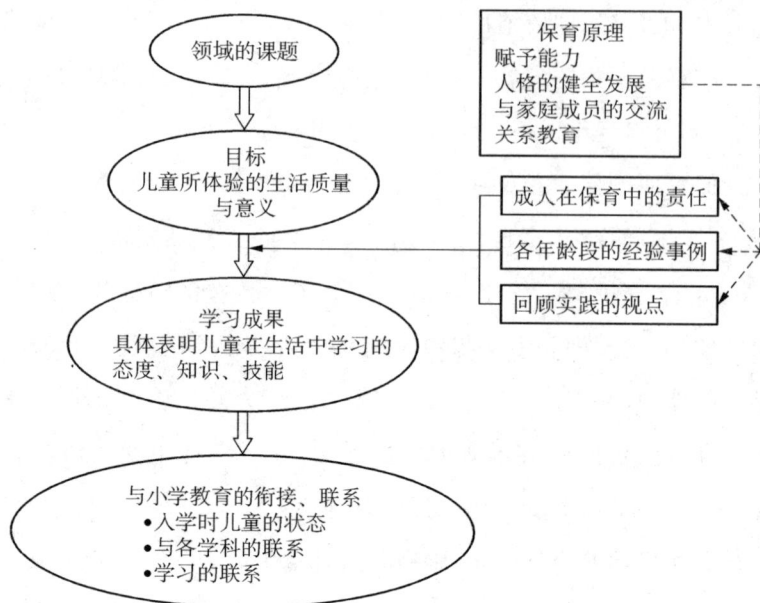

图 1 "Te Whariki"课程"领域"的内容结构

　　儿童在理解家庭与幼儿园连续性的同时,也在幼儿园里接触新的事物。不仅是与幼儿园里的各种人与物相遇,而且通过散步、参观、参加社区节庆活动等,接触到许多不见不知道的新事物,从而他们对家庭之外的更为广阔的世界有了更多的期待和了解的渴望。希望儿童获得的第三项"学习成果"就是:"通过接触与自己家里不同的人和物、情景、语言、声音、气味和味道等,不断强化了解更为广阔的未知世界的欲望,并从中体会到乐趣。"

　　从家庭到幼儿园、再从幼儿园伸向更广阔的世界,理解其间的关联与区别,同时感受到生活在每一个世界中所独有的乐趣,珍惜这样一种生活过程,正是该目标的宗旨。

　　下面,我们以这种从家庭到幼儿园、进而到更广阔世界的视点,再来看看上一节介绍的瑞吉欧·艾米利亚市那个 10 个月男孩的行动。人们可能会想到,这男孩对钟表的兴趣可能是家中他身边的成人戴着手表吧。这样,当他看到保育所的杂志上也画着相同的手表时,或许就兴奋地想告诉老师:"爸爸也戴着这个手表!"他身边的老师发现并接纳了儿童的行为,就让男孩能够体验到与爸爸妈妈一样亲切的人就在自己身边。如果某一天男孩看到附近商店里摆放着的真钟表时,或许会被一下子吸引住吧。儿童会知道,在外面的世界里,有许多自己未曾见过的新东西。如果商店店员告诉儿童有关钟

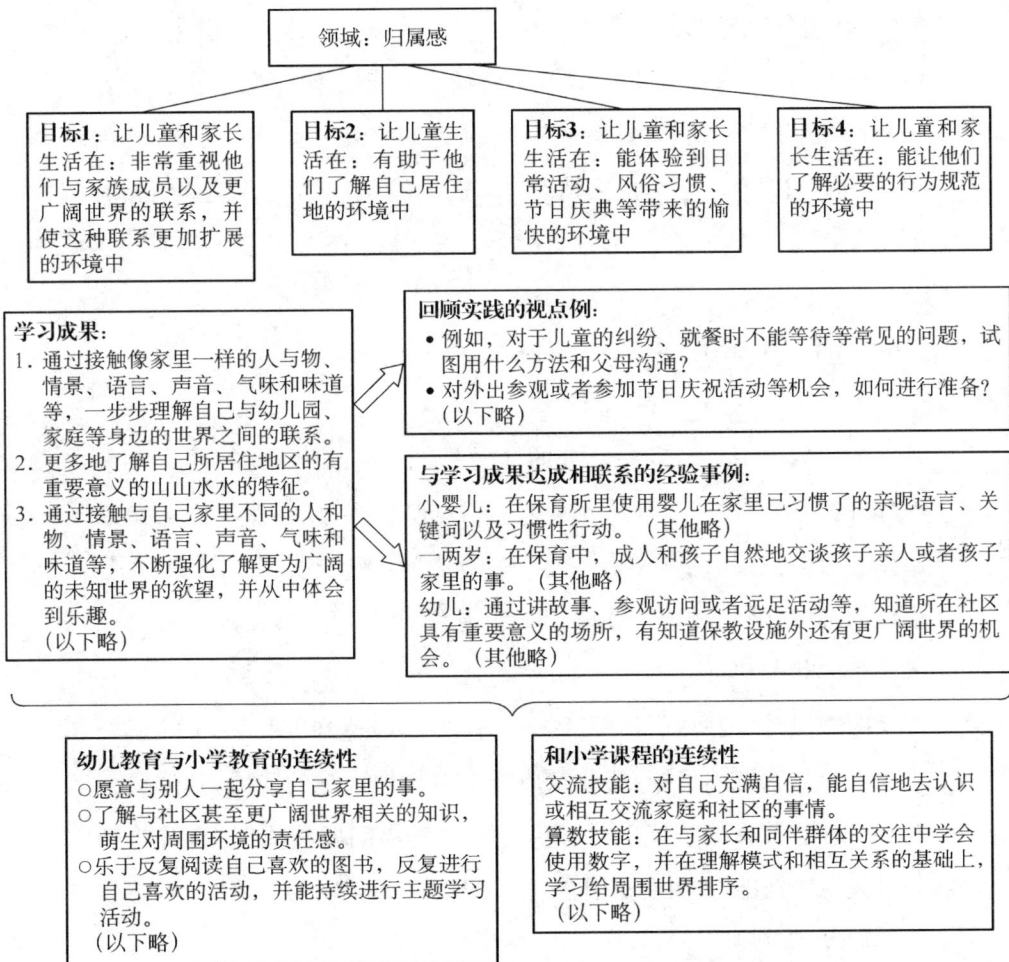

领域:归属感

目标1:让儿童和家长生活在:非常重视他们与家族成员以及更广阔世界的联系,并使这种联系更加扩展的环境中

目标2:让儿童生活在:有助于他们了解自己居住地的环境中

目标3:让儿童和家长生活在:能体验到日常活动、风俗习惯、节日庆典等带来的愉快的环境中

目标4:让儿童和家长生活在:能让他们了解必要的行为规范的环境中

学习成果:
1. 通过接触像家里一样的人与物、情景、语言、声音、气味和味道等,一步步理解自己与幼儿园、家庭等身边的世界之间的联系。
2. 更多地了解自己所居住地区的有重要意义的山山水水的特征。
3. 通过接触与自己家里不同的人和物、情景、语言、声音、气味和味道等,不断强化了解更为广阔的未知世界的欲望,并从中体会到乐趣。
(以下略)

回顾实践的视点例:
• 例如,对于儿童的纠纷、就餐时不能等待等常见的问题,试图用什么方法和父母沟通?
• 对外出参观或者参加节日庆祝活动等机会,如何进行准备?
(以下略)

与学习成果达成相联系的经验事例:
小婴儿:在保育所里使用婴儿在家里已习惯了的亲昵语言、关键词以及习惯性行动。(其他略)
一两岁:在保育中,成人和孩子自然地交谈孩子亲人或者孩子家里的事。(其他略)
幼儿:通过讲故事、参观访问或者远足活动等,知道所在社区具有重要意义的场所,有知道保教设施外还有更广阔世界的机会。(其他略)

幼儿教育与小学教育的连续性
○愿意与别人一起分享自己家里的事。
○了解与社区甚至更广阔世界相关的知识,萌生对周围环境的责任感。
○乐于反复阅读自己喜欢的图书,反复进行自己喜欢的活动,并能持续进行主题学习活动。
(以下略)

和小学课程的连续性
交流技能:对自己充满自信,能自信地去认识或相互交流家庭和社区的事情。
算数技能:在与家长和同伴群体的交往中学会使用数字,并在理解模式和相互关系的基础上,学习给周围世界排序。
(以下略)

图 2　第二领域"归属感"的内容组成(仅选取一部分)

表的知识,会让儿童感觉到自己是这个社区的一员,受到了大家的关心。这样,"有实际的归属感的生活"本身就使儿童有可能进行内容丰富的学习。

此外,"领域"结构中的"回顾实践的视点"和"各年龄段的经验事例"部分都出现了一些例子,这些例子仅仅只是举例而已,而不是国家应该决定课程,作出如此具体的规定。但是,解读这些例子可以看到对保育者专业性的期待与要求。如从例子中可以看到,了解儿童"正在获得什么样的经验"比了解儿童"正在做什么"重要得多,而要区分这两者,只有作为专家型的保育者才可能做到。因此,保育者有"回顾实践"的反思能力具有决定性的重要意义。也正因为此,阅读这些例子的时候,应当将之既作为"视点的例子",也作为"经验的事例"。

(四) 与小学的衔接和"与人生的衔接"

"Te Whariki"最后一部分的标题是"Te Whariki 和新西兰小学课程"的衔接。这一部分从儿童能力(技能)的发展、从学科学习角度出发,具体描述了幼儿教育与小学教育之间的衔接关系。另外,在各领域内都以"幼儿教育与小学教育的连续性"为标题,描述了儿童进入小学的状况。

图 2 只是"归属感"领域的一部分,如要能达到 Te Whariki 所追求的生活与学习的目标,那儿童应能掌握更加广泛的能力,具体可由"交流技能"、"算数技能"、"信息技能"、"解决问题技能"、"自我管理和自我主张技能"、"社会合作技能"、"身体技能"以及"工作与学习技能"等 8 项来描述。

这里略去了 8 项技能的具体内容介绍。不过从中也可看到来自政府的、要求强化入学准备的压力。但 Te Whariki 课程并不以狭隘意义上的顺应小学教育为目标,而是从更远大的、儿童整体人格健全发展的视点出发,换言之,是从"与人生的衔接"的视点出发,来理解与把握与小学教育的衔接。

以上介绍的"Te Whariki"课程,是基于重视儿童"当下的生活"的保教观的一种课程模式。现在,日本制定保教政策的行政当局表面上一直在强调"保障儿童的生活质量",而实际上却无视儿童对保教机构内的生活所怀有的愿望和需求,片面地谋求所谓的"幼儿教育功能的强化"。面对这种情况,我们在充分关注幼儿教育与小学教育衔接的具体化、明示化的同时,也要以尊重儿童"当下的生活"的新保教观为基础,加快创建新保教观并使之达成共识的步伐。在直面这样的课题之际,可以说新西兰的"Te Whariki"为我们提供了有益而又有力的启示。

注

[1] Organization for Economic Co-operation and Development,Starting Strong:Early Childhood Education and Care,2001(可从 OECD 网站获取)

[2] 6 张一组的照片取自《儿童的 100 种语言——瑞吉欧·艾米利亚的幼儿教育》(C.艾德华兹等著,佐藤学等译,世織书房,2001 年)。又,与这些照片相关的文字说明在上述书籍及同类介绍瑞吉欧·艾米利亚的书籍中是没有的,仅为笔者个人的观点,请读者谅解。

[3] Ministry of Education(New Zealand),Te Whariki:Early Childhood Curriculum 1996(可从新西兰政府教育者网站获取)

[4] "Te Whariki"课程中的保教四原理如下:
第一是"赋能"原理。意为"相信儿童具有学习成长的能力,并鼓励发挥这种能力,富有勇气"。该词的原意是"(向弱者)转让、委以权限",这里的意思是指"信赖儿童自身的能力、尊重儿童的想法"。同时,也表示要通过上述做法,促进儿童的学习与成长。
第二是"人格整体的健全发展"原理。即"实施全面的教育,通过所有途径来保障儿童的学习与成长"。不是束缚儿童能力的成长,而是要在家庭、社区这些特定的环境中培育儿童个人的人格,将儿童作为具有自我的存在,尊重儿童的人格进行保育和教育比什么都重要。
第三是"和家长交流"的原理。即"视家庭、社区这些幼儿园之外的广阔世界为进行保教的必不可少的合作伙伴。"

第四是"关系"原理。强调了"在与各种各样的人与物、环境的相互应答、互动的关系中培育儿童"。

这些原理基本上都可以看作是"重视儿童的生活"这一保教观的具体化。同时,这些原理贯穿着对儿童家庭、社区的文化和价值观的多样性的尊重,对作为一个独立的个体、持有自我而生活着的儿童的尊重。

第 二 章

市场原理和保教质量
招致质量的恶化、日本的保教政策

一、市场化推进论中保教的"成本和质量"

(一) 从公共原理走向市场原理——保教机构制度的原理转换危机

　　全世界的保教制度有两种类型,一种是基于公共原理的制度,欧洲的很多国家采用这种制度,现在的日本保教制度也忠实地执行这一制度;另一种是基于市场原理的制度,美英等一些欧美国家采用这种制度。

　　这两种原理在理解保教的基本性质方面是不同的,为此,设定的制度也有很大的区别。这两种制度的特征可简单地归纳如下。

　　公共原理制度的出发点是:保教制度具有"公共性"。由儿童健康成长而获益的不仅仅是儿童的双亲,在确保未来劳动力质量这点上,企业也是受益者。尽早向弱势的儿童及其家庭伸出援助之手,对整个社会来说,其获得的利益是不可计量的。如果立足于这样的"保教公共性"的话,保教制度必然应当是让所有需要得到保教的儿童都平等地享受到高质量保教的制度。

具体来说,下述三点是基于公共原理的保教制度不可缺少的特点。

　　第一、从结构上看,保教机构的设置责任在行政部门。为了能接纳所有需要保教的儿童,社会自治体必须率先设置保教机构。缘此,在基于公共原理的国家里,公立保教机构都占一半以上。私立保教机构在提供有特色的保教服务方面是必要的,但确保它们是以事业的稳定性和公益性而非只以盈利为目的的教育与福利机构是非常必要的(拟称之为保教机构的公设主义)。

　　第二、儿童入保教机构是行政部门以某种形式参与的事情。这是由于社会自治体率先担负实施保教的责任的缘故。在日本的保教制度中明确规定,儿童进入保教机构的申请需在行政窗口进行(行政参与的入园合同)。

　　第三、进入保教机构的费用不是由各保教机构自行确定的,而是根据儿童所在社区和家庭的收入状况规定统一的收费标准。这是为了避免因家庭收入的多少不同而使儿童接受的教育出现大的差别(保教费用的按能负担原则)。

　　与此相反,市场原理则从保教是"私事"这一观点出发,认为提供什么样的保教服务完全是家长根据自己的经济状况和责任进行选择、购买。因此,国家和社会自治体没有必要担负提供保教的责任,儿童的保教与一般的商品一样,基本上是利用企业提供的保教服务。认为这样让保教机构之间的竞争变得激烈,就能够防止保教质量的下降。其基本观点是,由行政部门对保教质量进行的细致的检查、为提高质量提供的财政资助都可以减少到最低限度。

　　立足于这样观点的保教制度必然与基于公共原理的制度完全相反,其特点是:

　　第一、保教机构基本上不是公立或由民间的福利法人来设置和运营的,而是通过企业能够自由进入的市场来掌控。如果有的保教机构能得到很多的税金投入，那么那些得不到这种资助的保教机构就会在生源问题上处于不利地位。因此，公立保教机构便成为竞争的障碍物（这被称之为市场依存或市场原理）。依存市场的结果是，保教机构之间质量的差异就不可避免了。

第二、儿童申请进入保教机构的合同不必让行政部门参与，而只由家长自由选择并与保教机构签合同（把行政部门不参与、由儿童家长和监护人签约进入保教机构的合同这样的制度称为直接签约合同制度），其结果是，行政部门对需要保教的儿童完全不担负提供保教的责任。

第三、入保教机构的费用不由地区采取统一的收费标准，而认为应该让经营者能够自己判断，自由地设定。如果统一收费标准的话，就会影响经营保教机构的企业的营业自由，故难以被接受。由于费用是自由设定的，所以保教机构之间的竞争变得更加激烈。市场原理推进者的主张是想提供低成本、高质量的保教服务。

现在，日本政府正在推行从现行的基于公共原理的保教制度向基于市场原理的保教制度转变的政策。近15年来执意地推行这种政策的结果是，政府将基于市场原理的新保教机构——"认定儿童园"强行地制度化。这种"认定儿童园"具有上述的市场原理的所有特征，"企业参与并依存于市场"、"保教机构和儿童家长直接签约"、"进入保教机构的费用自由设定"等。2006年日本内阁会议决定的"改革规则—推进民间开放三年计划"明确表示，在几年后，将依据"认定儿童园"的实施状况，判断保教制度本身向市场原理转换是否合适。可以说，保教制度市场化这一巨大转型已近在眼前。

（二）保教制度的市场化引起的对"保教质量"的担心

保育者对保教的市场化趋势普遍心怀不安。他们主要是担心市场化会将保教带到哪里去，会给保教带来什么，特别是能否给儿童的发展提供合格水准的保教服务。只要看看推行基于市场原理的保教制度的美英等国的状况，就决不能说这样的担忧是没有根据的。当然，日本不一定马上就会发生和美英等国相同的情况，尽管如此，推进市场化政策的负责人也很担心，如果应提供的保教服务的质量被低水平地对待的话，市场化后的保教服务的整体水准将会产生很大的问题。为此，市场化推进论者究竟如何看待"保教质量"这一点，将成为市场化后的保教状况的大方向。

那么，市场化论者所设想的"保教质量"是什么样的呢？要了解这一问题，有一个很好的材料，那就是政府网站上发表的有关保教服务的"质量与成本"的两个调查报告。这两个报告的共同特点是，与传统的成本论只限于成本的单纯比较不同，两个报告都把保教质量作为根本的问题来对待，都以保教相关的成本高低和"保教质量"之间有什么样的关系为题进行了分析。其结论是："不认为成本和质量之间有明确的关系。因此，进一步降低成本也没有关系。"该结论本身产生了很大影响。然而，这两个调查报告中对"保教质量"是怎么理解的呢？这是很有必要关注的问题。由于这是以市场原理为前提的研究，所以，其相应的"保教质量"明显反映出"市场主义"独有的特征。

在日本，人们常常使用"保教质量"这一词汇，然而关于"保教质量"的定义、评价方法的研究和争论还只是刚刚开始。笔者拟介绍美国等国家至今为止的"保教质量"的研究成果，并从儿童的生活及发展的权利保障这一视点出发，一并阐述应如何看待"保教质量和成本"的问题，同时对市场原理的"保教质量"论进行批判性的讨论。

（三）市场化推进论的公然登场

有关保教服务的"质量与成本"的两个调查报告之一，是日本财务省①委托研究的《地方自治体服务的全成本分析》(根据日本社会经济生产性本部的调查分析,2002 年 9 月,以下简称为《全成本分析》[1]),另一个是日本内阁府国民生活局物价政策处的《保教服务市场的现状与课题》(根据"保教服务价格研究会"的调查分析、2003 年 3 月、以下简称《市场分析》[2])。

不言而喻,财务省和内阁府都是推进"制度改革"的核心部门。《全成本分析》报告发表后,即成为"地方分权推进会议"的参考资料。在《市场分析》报告内容中,也十分明确地对包含了"认定儿童园"在内的"保教服务市场"的一并提出。显而易见,这两个调查报告都是从保教服务市场化的立场出发的保教成本论。

在这两个调查报告中都提出了政策建议,而且双方的很多内容又意想不到地一致。第一,"公立保教机构比民间园所的成本高,需谋求效率的根本提高"。为此,要求"各班只配备一名正式职员,临时职员增加到七成",以进一步降低成本。第二,强烈建议创建"对(远比公立和民间认可的园所)低成本的'未认可保育所'予以公费支援的'准'认可制度"。

另外,在《全成本分析》报告中,认为与按不同年龄段算出的保教总费用相比,监护人的负担过低,以此为理由,建议提高保教费用;在《市场分析》报告中,则提出应探讨"为减少 3 岁以上未入园儿童的问题,需要调动幼儿园的活力"这一问题;应探讨将补助金直接发给儿童监护人的"缴费凭证"资助方式。因为现在国家及社会自治体的补助金通过减轻合格幼儿园、保育所的保育费,而给这些园所提供了补助。这对那些不能得到补助金的企业或未被认可的保教机构来说,就不公平。

这些建议的一个很大的特点是,认为应对合格的保教机构(认可

———————

① 财务省:相当于我国财政部。——译者注

保育所)和其他保教服务设施一视同仁。在实质上,多数建议是主张对后者施以优惠政策。以前的成本论者还多是在合格的保教机构制度内,把公立机构和民营机构的成本进行比较。而这里是建议"活用未认可的保教机构"、"将合格的保教机构(认可保育所)的资助改为缴费凭证资助方式"。显然,这是"市场推进论"的登场表现,是想通过引入低成本的未认可的保教机构及保教服务产业,来求得整个合格的保教机构(认可保育所)成本的下降。

不得不说,所谓市场化几乎是无止境地降低成本的别名。

二、看待"保教质量"的市场主义方法

（一）"保教成本和质量之间看不到关联吗"?

尤其需要关注的是,上述两个调查报告在把"保教质量"作为问题之后,导出了下述结论——在《全成本分析》报告中,以保教机构为单位,对成本高与成本低的机构的保教质量作了比较;在《市场分析》报告中,则对公立的和认可与未认可的民间保教机构的"保教质量"作了比较。其结论是:保教服务的成本高低与其质量之间未见明显关联。这就是说,即使大幅度降低成本,或继续维持现行的未认可保教机构,在"质量"方面也都不会有大问题。

如果在保教成本和质量之间的确看不到关联的话,当然就勿需规定最低保教机构的设施标准和条件了。

由于这是一个具有重大影响的结论,所以,需要比较详细地探讨一下该结论是如何导出来的。

（二）成本差就是人工费的差

表1　保育者人工费和主要属性的比较

	正式职员平均人工费	正式职员平均年龄	临时职员平均人工费	临时职员平均年龄	临时职员比例	总平均人工费
公立保教机构的平均	26103日元	38.7岁	8213日元	39.0岁	43.5%	17873日元
民间保教机构的平均	15988日元	30.6岁	6912日元	35.2岁	19.4%	14230日元

首先来看一下《全成本分析》是如何一步步地分析"质量与成本的关系"的。

第一步是对公立保教机构与民间保教机构成本的比较。其结果是，公立保教机构和民间保教机构成本的差别主要是人工费的差别，人工费高低的三个影响要因是："职员的平均年龄"、"临时职员的配置比例"、"职员的配置状况（比日本政府规定的最低标准多配置了多少职员）"。如表1所示，公立保教机构的职员年龄较高，"正式职员平均人工费"也较高（是民间机构的1.6倍）。但另一方面，由于临时职员的比例也远比民间机构高（43.5%），所以，从总平均人工费来看，公立保教机构和民间保教机构的人工费的差就缩小到了1.25倍左右。

（三）仅用监护人的"满意度"来测定"保教质量"

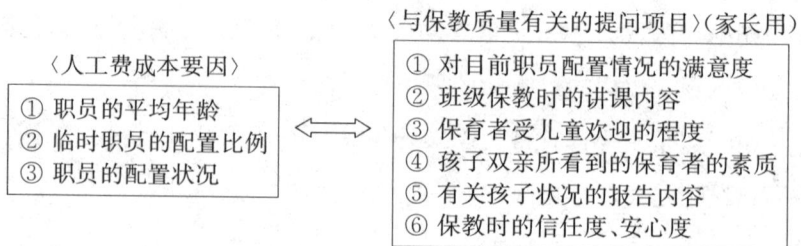

〈人工费成本要因〉

① 职员的平均年龄
② 临时职员的配置比例
③ 职员的配置状况

⟷

〈与保教质量有关的提问项目〉（家长用）

① 对目前职员配置情况的满意度
② 班级保教时的讲课内容
③ 保育者受儿童欢迎的程度
④ 孩子双亲所看到的保育者的素质
⑤ 有关孩子状况的报告内容
⑥ 保教时的信任度、安心度

第二步是对每一个保教机构进行"保教质量"评价。其中所使用的数据是上图所示的监护人对 6 个提问项目的打分(分 5 个等级)的平均值。该值越高,则"保教质量越高"。

最后,第三步是比较人工费成本高的保教机构和人工费成本低的保教机构,例如对"配置了超过国家规定标准的职员"、"配置的职员刚好接近国家规定的最低标准的保教机构"或者"临时职员比例非常低的保教机构和临时职员占近七成的比例较高的保教机构",同时,也比较"保育者受儿童欢迎的程度"及"对现在职员配置情况的满意度"的评价分数。于是,得到的结果是:保教条件(职员配置)好的保教机构不一定能得到儿童家长较高的评价。以此为依据,他们就提出了诸如"将职员数的七成改为临时职员"的建议。

必须注意的一点是,上述做法仅是以监护人的满意度来评价"保教质量"的。进行该调查研究的社会经济生产性本部在其他地方也以同样的方法进行过保教质量的评价,他们以此做法作为评价"保教质量"的标准方法。

然而,欧美国家进行"保教质量"研究时,几乎都不仅仅以监护人的满意度来评价。那么,为什么欧美国家对以监护人的满意度来评价"保教质量"这一方法持非常慎重的态度呢? 如果认真分析和考虑到这个问题,《全成本分析》中对"保教质量"的评价方法的异常性就会显现出来。为此,下面来简单地看一下美国是如何进行"保教质量"评价的。

三、从美国的研究中所看到的"保教质量"的
定义和评价

（一）保教质量三要素

日本国内使用"保教质量"这一词汇的时间并不长。而欧美诸国则从很久以前就开始并至今都在进行脚踏实地的"保教质量"的研究和评定，为的是能使不同经济状况家庭的儿童都能得到优质的保教服务。

那么，经过多年持续的研究，在"保教质量"方面产生了怎样的统一认识呢？关于这一点，哥伦比亚大学的 C. Howes 和 S. L. Helburn 作了如下描述[3]：

今天，在对儿童成长具有正面影响的、直接相关的保教质量要素的认识上，研究者之间已有相当程度的共识，即认为保教质量主要由两个相互关系密切的要素组成。一个是"过程质量"，它是反映儿童在保教机构中所感受到的体验和获得的经验方面的要素；另一个是

"条件质量"(或称结构质量),它是反映儿童所处的周围环境的状况的要素,往往是由政府来规定。另外,趋于明朗的研究结果还有,由于成人的劳动环境与保育者的行动及经验积累有密切的关系,所以,"劳动环境质量"也会间接地影响保教机构里儿童的行动。

表 2　保教质量的定义与评定

	过程质量 Process Quality	条件质量 Structural Quality	劳动环境质量 Adult Work Environmental Quality
与质量相关的要素	① 儿童与保育者的相互作用(特别是保育者的感受性、亲切感、爱心,对儿童有积极作用) ② 保育者对儿童的态度 ③ 学习活动的组织 ④ 保教环境的健康、安全 ⑤ 设施、设备、资源等环境条件的适宜性	① 每班儿童的人数 ② 成人和儿童的比例 ③ 保育者的保教经验 ④ 保育者的学历 ⑤ 与保教工作相关的专业培训和研修	① 保育者的工资、福利待遇 ② 保育者一年中的辞职率 ③ 保育者对工作的满意度 ④ 保育者参加机构运营的情况 ⑤ 对工作压力的意识程度

(二) 日常生活经验的质量就是"保教质量"

下面,我们稍具体分析一下上述保教质量三要素——"过程质量"、"条件质量"和"劳动环境质量"的含义。

先简要概括一下美国已有的研究成果。现有的研究认为,作为第一要素的"过程质量"是指儿童在日常生活中获得的体验和经验的质量。不言而喻,这是保教质量的核心问题。其中,非常重要的一点是在于:"对于儿童的社会性行为,保育者是与之共鸣,给予肯定的应对,并积极鼓动儿童参加游戏和学习活动呢,还是无视儿童的行为,缺乏任何积极的互动。"接受高质量保教服务的儿童会有较多的时间和周围的人一起做有意义的游戏……受到这样保教的儿童的发展,无论在认知方面还是社会能力、语言能力方面都是良好的。

日常生活的体验与经验的质量本身是"保教质量"的核心问题，这一观点应当是理所当然的。但是，现在却出现了不少这样那样的误解，认为"保教质量"就是指幼儿园一定要有些与其他园不一样的内容或特色，或者必须要别出心裁地设置什么特别的课程，等等。

这里必须再次确认的是，从上面保教的"过程质量"中所列举的"教师的亲和力"、"对儿童积极肯定的态度"等情感性要素可以明确地看到，真正的保教质量是体现在以保育者与儿童的关系的质量为中心的日常人际关系之中的，是体现在保育者与儿童无数次反反复复的互动之中的。

（三）保教条件与过程质量密切相关

从前面的表 2 中可以看出，作为第二要素的保教的"条件质量"，主要列出了与人的条件相关的项目。表 2 中所提到的比例是指园所中每一个职员平均所带的儿童数，"每班儿童的人数"（日本没有规定保教机构的最低标准）是指儿童日常生活的班组规模。

C. Howes 等在前人研究的基础上指出："儿童人数较少的班级的带班老师能应对每个儿童的要求并进行教育。高学历的、受过专门教育的带班老师能利用其学到的知识和儿童交往，并在与儿童互动的过程中双方形成共鸣，从而进行适宜的引导。在这种条件下受教育的儿童比起较差条件下的儿童来，他们的成长当然会更好。"

保教的"条件质量"与"过程质量"之间有密切关系，这一点已经由多个实例研究得到验证。也可以说，这已成为国际共识。

保教的"条件质量"与"过程质量"之间的关联性当然也应适合日本的保教情况。这里要强调的一点是，由于日本保教条件的管理文件《儿童福利设施最低标准》是在战后不久制定出来的，因此今天看来存在着很多不完善的地方。与国际水准比较，其中有不少地方需要尽快加以修改。

有一个例子很能说明日本保教条件最低标准的规定是明显落后的,那就是"班额"问题。关于这点,笔者拟稍加评论。关于儿童所生活的班级人数标准,在欧美多个国家的法律上有明确规定,日本在这方面显然是落后的。根据众所周知的美国对班级人数和儿童成长关系所作的调查研究表明(在该研究中,所谓"大班额"是指三四岁的儿童班级人数超过 20 人;"小班额"是指班级人数大约在 15 人以下[4]):"在小班额的班级中生活,特别是当其带班老师又是受过幼儿教育专业培训的情况下,儿童在活动性和协调性方面呈现明显优势。保育者接纳并激励儿童,儿童处于主动学习的状态,并和其他人保持着良好关系。可以推测,体验和亲历这样类型的早期保教的儿童,能够很快地掌握在标准测试中所测量的那些知识技能。与此相反,大班额班级中的儿童,如果带班老师本身又没有受过幼儿教育专业的培训,那就呈现出完全不同的情况。这时的保育者始终是被动的,不能积极地引导儿童,只是跟在多数儿童行动的后面。在这种环境中生活的儿童'白白地浪费着时间',他们对身边的一切兴趣索然,与他人纠纷不断。在这种班级氛围影响下,儿童标准测试分数的提高也变得很慢。"

在日本,超班额的情况很普遍,已经成为一种常态。目前的现状是,不同年龄的班额规定已经有名无实,幼儿园、保育所的班级规模正越来越大。保教条件应作为保证保教质量的不可缺少的要素来给予重视,这对于改善保教机构的现状有着决定性的非常重要的意义[5]。

(四) 保育者的劳动环境和过程质量

下面来看看作为保教质量第三要素的保育者的劳动环境问题。

美国的研究报告作了如下描述:"例如,能参与保教工作的运营、满意度高、能获得合理报酬的早期保育者与儿童有更好的共鸣,能积极参与儿童的活动。……另外,职员离职率高低也是保教机构质量高低的一个重要指标。之所以如此,是由于儿童不能得到连续的、稳定的保育与教育的话,就有可能对其语言和社会能力发展带来负面影响。有的研究报告中也提到,接受这样的保育的儿童会出现较强的攻击性。"报告还指出:保育者的工资、参与有关早期保教的讨论、稳定的雇用制度等等涉及保育者劳动环境质量的因素,都会间接地影响到儿童的发展。

(五) 保教质量的评价方法

那么,由上述三要素组成的"保教质量"该如何进行测定和评价呢?

S. L. Hofferth 的研究报告指出:"通过观察带班老师和儿童之间相互关系的温馨、丰富程度和儿童在保教机构中所获得的日常生活经验,是测定保教质量最合适的方法。

但是,由于这种观察评价方法比较难,要花费很多时间和费用,因此,州的行政官员和研究人员往往就在保教条件中选择两三个要素进行测定,这些要素当然是与优质保教和儿童的良好发展具有密切关联性的,如师生比、班额大小、职员的受训情况和学历,等等。另外,很多研究证明,保育的稳定性与整个保教质量密切相关,与职员离职率及工资高低的相关也是很高的。[6]"

即是说,客观评价保教质量的最一般的方法是将"条件质量"或者"劳动环境质量"作为指标来进行测评,因为已经证明它们与过程质量具有十分密切的关系。

四、市场主义的"保教质量"论所存在的问题

（一）作为顾客满意度的"保教质量"

如果采用美国早期教育研究学者对保教质量的定义和评价的话，那么，《全成本分析》中"保教质量"的取样方法、评价方法的差异就显而易见了。

第一，首先必须确认的是："保教质量"与其他一般商品—服务的"特质"是不同的，它们是从不同的视点来定义的。一般商品—服务的"品质"多数是通过"顾客满意度"来加以评价，而"保教质量"则不仅仅通过"家长的满意度"，还必须通过直接观察"过程质量"（儿童每天在保育机构的生活中所获得的经验的质量）来进行评价。

这是什么原因呢？因为保教服务的"受益者"无疑是儿童。即儿童的成长发展这一"保教成果"不但对儿童自身或者儿童的家长来说是一件重大的事，而且对"整个社会"也是一件重大的事，社会是获益最大的最终受益者。因此，保教质量不能等同于个人的利益、满意度

的总和,而必须通过与儿童健康成长直接相关的"过程质量"来评价。

与此相反,在《全成本分析》中,仅就"保育者受儿童欢迎的程度"及"儿童双亲所看到的保育者的素质"等相当主观、暧昧的事项来询问监护人的满意度,将其得分就当作保教"质量"。这样的评定方法完全不顾及作为保教核心的"过程质量"。

这里特别想强调的一点是:"保教质量＝顾客满意度"这样的评定方法是从市场推进论的立场出发而导出的。也就是说,市场推进论的基本前提就是把保教服务等同于一般的商品—服务,换言之,是把保教服务仅仅只看作是个人消费的对象。如果从这一立场出发的话,顾客的"满意度"当然是重要的,对服务提供者而言,左右人们购买欲望的"人气"或"满意度"当然也是最重要的了。

再重复一下,在保教服务的市场推进论中,"保教质量"是以各顾客(儿童家长)的满意度来测定的。关于这一点,在《全成本分析》中有具体的描述。另一份调查报告《市场分析》虽采用了不同的处理方法,但最终仍然是把保教质量的问题回归到顾客满意度上(后面将详细说明这一点)。

在市场主义的这种处理方法中,用顾客满意度来测定保教质量的最大问题在于,这样做将不得不把这一课题意识——让作为社会整体利益的"所有儿童的发展"得到保障——远远地抛在后面。在这一点上,市场主义只得把"儿童发展的权利"这一视点弃之不顾了。

(二) 保教质量与保教条件的割裂

第二,在美国的"保教质量"研究中,是把直接观察"过程质量"视为最恰当的评价方法的。当然,由于这一方法的使用无论在技术上还是在成本上都有困难的一面,所以,客观进行测评时,往往采用"保教条件(班级人数、比例、经验、专门训练等)"、"保育者的劳动环境

（工资、离职率、运营参与程度、疲劳紧张程度）"等指标。保教条件和劳动环境会给"过程质量"以很大的影响，也会影响儿童的发展状况，国际上对此已有共识。

与此相反，在《全成本分析》中，"职员配置情况（相当于美国的"师生比"）"、"保教经验"、"工资"等不是作为保教质量的一个要素，而是作为人工费增加的要因加以处理。在此基础上，把作为顾客的家长的满意度作为了质量的标尺。不能不说这样的结果是，在把"顾客满意度"作为质量的唯一指标的同时，也把保教条件、保育者的劳动条件等这些保教质量自身的重要组成要素掩盖掉了。

这样，尽管保教条件和"保教质量"之间的紧密关联性早已被证实[7]，但是，市场主义还是把保教条件和保教质量两者割裂开来加以处理，这是市场主义的"保教质量"处理方法的第二个特征。

（三）第三者评价中所印刻的市场主义烙印

市场主义的这种将保教条件和保教质量割裂开来的保教质量处理方法，在第三者评价中也正在被采用。这类第三者评价的做法目前在国家层面、在东京都①均受到热捧，并正在全国波及开来。

众所周知，在第三者评价所取的评价标准中，有关保教条件的评价项目是完全被排除在外的。为什么呢？ 关于这一点，在最初提议建立第三者评价制度的日本中央社会福利审议会的《社会福利基础结构改革（中期报告）》中有简明扼要的说明。

该报告指出，评价应当是"服务提供者具体地抓住自身的问题点，以谋求改善的手段"，因此，评价对象只能是限定在"服务内容"范围里。接着，报告还提出，"在对服务内容作评价的前提下，要注意设

---

① 东京都是日本的行政区划分的说法。——译者注

施、设备以及人员配置等外部基准不能招致保教质量下降,有必要对其作弹性化处理"。

这里,"保教质量"被限定在通过服务提供者自身努力可加以改善的"内容"上,进而把保教条件看作为"外部标准",看作为与"内容 = 质量"无直接关系的事项。这样,社会团体和保教机构一直在努力改善的"保教条件"从一开始就被排除在"质量"之外了。更明确地说,第三者评价从一开始起,就是和放宽保教条件规定的主张(这与进一步降低保教服务成本是一脉相承的)紧紧地抱在一起的。第三者评价显然被打上了市场主义的烙印。

尽管一直在疾呼"保教质量",但保教条件的改善却止步不前,这恐怕不单单是日本的情况。其中的原因之一是,政府所定义的保教质量是把包括保育者的数量与质量在内的保教条件统统排除在保教质量之外的缘故。

关于市场主义的"保教质量"论的第三个问题是和割裂保教条件与保教质量这一做法密切相关的,即降低保育者的专业性要求。关于这一点,拟在下一节以另一份调查报告《保教服务市场的现状和课题》为素材加以论述。

五、"作为服务的保教质量"和"作为权利的保教质量"

(一) 对"市场化未能顺利推进"问题的认识

前面列举了《全成本分析》从推进保教服务市场化的立场出发而提出的"保教质量"论的一些内容,并指出了其从"顾客满意度"这一单一视点来论述保教服务的问题所在。这里,再来浏览政府网站上所登载的另一篇报告——内阁府国民生活局物价政策处撰写的《保教服务市场的现状和课题——保教服务价格研究会的报告书》(以下简称《市场分析》)——中的"保教质量"论。

"保教服务价格研究会"会长八代尚安是一位激进的保教服务市场论者。在上述报告书的前言一开始,他这样论述了保教制度改革的课题:"以尽可能低的成本提供质量尽可能高的保教报务,这是日本保教机构当前面临的最大课题。……为谋求纠正过去保教服务高成本的问题,有必要在确保服务质量的同时,进一步推行竞争机制。"这里所指的保教制度改革面临的"最大课题"——"低成本化"是指什么呢?

《市场分析》报告书建议，原则上应当取消为减轻"认可保育所"的保育费的补助经费。其理由是：补助了"认可保育所"，那么对那些得不到补助的其他营利性保教服务机构而言，他们在价格竞争方面就处于不利地位。这样就会影响、妨碍企业的参与（是如此吗？甚至还有这样的议论，认为把保育费压得低于实际成本的做法，未必能让进入保教机构的儿童增加）。

因此，所谓提供低成本服务并不是指减轻保教费负担，恰恰相反，是要求大幅度削减包括为减轻保育费在内的、对公立保教机构投入的整个补助经费。取而代之的是，扩展那些没有接受国家经费补助的营利性保教服务机构，促进低价竞争。也就是说，"低成本化"的意思其实是指"市场化"。

但是，报告书指出，"市场化"的进展并不顺利。"保教服务领域的转折是在20世纪90年代以后，因为从那时开始，放宽了各种各样的政策限制。1998年修改了'举措'制度……进而废除了对保教机构设置主体的限制，保教机构的最低定编进一步下调，设置标准进一步弹性化，等等。并且，为解决保教机构不足的问题，还出台了各种各样的对策。然而，到目前为止，因放宽政策限制而出现的新保教机构并不令人满意"。

担心低成本化会降低保教质量的社会舆论和维护家庭生活与儿童发展权利的保育运动对市场化的推进是一个很大的阻力。报告书中一方面把这种社会舆论和保育运动描绘成是"对市场原理的情感上的厌恶以及心理上的排斥"；同时另一方面又说，"与厌恶市场的思想完全相反，认为只要引入了竞争原理就能解决任何问题的单纯想法"也不可能打开局面。于是，为说服社会舆论，市场论者想通过收集客观的数据，如通过削减国家经费补助来推进市场化，能让保教服务成本降低多少，能让服务质量方面出现什么样的变化等，来说明问题，以此反驳社会舆论对市场化的批判。这就是《市场分析》报告书对市场化问题的认识。

（二）采用"结构性指标"和"发展心理学指标"的保教质量论

《市场分析》报告将日本的保教服务大致分为公立保教机构、私立认可保教机构、未认可保教机构三种，并就三者在成本和质量方面究竟存在多大的差异进行了调研。

首先，在成本上，与《全成本分析》一样，报告书列出的成本高低顺序是：公立保教机构＞私立认可保教机构＞未认可保教机构。特别是对保育者的工资作了详细分析，计算了各种保教机构平均（按年龄、工作年限分别统计）的工资曲线（在报告书中所列举的未认可保教机构都是规模比较大的，很难说代表了这类机构的整体状况）。

应注意的一点是保教质量的评定方法。报告书认为，"以什么作为服务质量的指标，对这点并没有一致意见"，同时也在一定程度上参考了美国学者关于保教质量研究的动向，提出了 40 个与保教质量相关的项目，对保教机构进行问卷调查。40 个项目大致上由四类指标构成：保育者的能力或资格、保教设施等与保教条件相关的"结构性指标"、与儿童的发展环境或儿童健康及安全管理相关的"发展心理学指标"、保教时间或休息日保教实施等"有关让家长方便的指标"以及"其他服务的指标"。

上述这样的保教质量定义比前面介绍的《全成本分析》中的评定方法在两点上是有所进步的。一是"结构性指标"，即把"保教条件"作为第一要素加以考虑；二是列出了"发展心理学指标"，试对保教内容、健康安全等作全面的评价。

根据上述要素指标进行调查的结果如表 3.1—3.4 所示。由表可知，在儿童发展和生活保障方面，公立保教机构和私立认可保教机构保持着高水平，这一点是十分明显的。

表 3.1　结构性指标（Structual Characteristics）比较

	公立认可	私立认可	未认可保教机构	(a)私立认可与公立比较(私立优时取○)	(a)未认可与公立比较(未认可优时取○)	(a)未认可与私立比较(认定外优时取○)
(a) 有关保育者能力、资格						
1. 师生比(基准比)	1.32	1.24	1.41	× **	○ **	○ **
2. 正常出勤比例	0.79	0.86	0.75	○ **	× **	× **
3. 职龄	14.6	7.95	9.4	× **	× **	○ **
4. 新保育者工作初研修工作	0.85	0.81	0.39	× **	× **	× **
5. 保育者外出进修、参加研讨会、幼教学会	0.92	0.94	0.76	× **	× **	× **
6. 保教机构主任参加研修	0.92	0.86			× **	× **
(b) 有关保教机构设施						
7. 儿童平均婴儿室面积(基准比)	2.92	1.88	2.40	× **		○
8. 儿童平均保育室面积(基准比)	1.68	1.70	4.23		○ **	○ **
9. 室外活动场地(基准比)	6.52	4.62	1.84	× **	× **	× **
10. 室内活动场地	1.51	0.92	3.60	× **	○ **	○ **

注：＊＊表示在 5％的基准上有意义。

表 3.2　发展心理学指标（Development Psychological Characteristics）比较

	公立认可	私立认可	未认可保教机构	(a)私立认可与公立比较(私立优时取○)	(a)未认可与公立比较(未认可优时取○)	(a)未认可与私立比较(认定外优时取○)
(a) 与发展环境相关的指标						
11. 举办运动会	0.99	0.97	0.54		× **	× **
12. 外出活动(远足等)	0.99	0.99	0.87		× **	× **
13. 开展水池(游泳池)游戏	0.99	0.99	0.93		× **	× **

	公立认可	私立认可	未认可保教机构	(a)私立认可与公立比较(私立优时取○)	(a)未认可与公立比较(未认可优时取○)	(a)未认可与私立比较(认定外优时取○)
14. 进行旋律体操	0.88	0.83	0.75	× ＊＊	× ＊＊	× ＊＊
15. 外出游戏频度	4.70	4.58	0.76	× ＊＊		
16. 有无幼儿教育	0.18	0.23	0.04	○ ＊＊	× ＊＊	× ＊＊

(b) 与儿童健康·安全管理相关的指标

	公立认可	私立认可	未认可保教机构	(a)私立认可与公立比较(私立优时取○)	(a)未认可与公立比较(未认可优时取○)	(a)未认可与私立比较(认定外优时取○)
17. 有无日常管理记录	1.00	0.99	0.89			○ ＊＊
18. 有无儿童定期体检、身体测定	1.68	1.70	4.23		× ＊＊	× ＊＊
19. 儿童保教时间内发生受伤等有无向家长说明	0.96	0.96	0.96			× ＊＊
20. 有无带班老师和家长的联系本	0.96	0.96	0.97			
21. 带班老师之间有无研讨	0.98	0.97	0.91		× ＊＊	× ＊＊
22. 职员有无定期健康检查	0.99	0.99	0.87		× ＊＊	× ＊＊
23. 除日常联系医生外有无协作医院	0.09	0.33	0.27	○ ＊＊	○ ＊＊	
24. 有无儿童事故保险	0.99	0.98	0.97			
25. 保育室或庭院有无设置摄像头守护儿童	0.02	0.11	0.07	○ ＊＊	○ ＊＊	

注：＊＊表示在5%的基准上有意义。

表3.3　家长方便性(Parents' Convinience Characteristics)比较

	公立认可	私立认可	未认可保教机构	(a)私立认可与公立比较(私立优时取○)	(a)未认可与公立比较(未认可优时取○)	(a)未认可与私立比较(认定外优时取○)
26. 离车站远近	23.18	2.62	12.09		× ＊＊	× ＊＊
27. 工作时间长短	10.98	11.67	12.70	○ ＊＊	○ ＊＊	○ ＊＊

	公立认可	私立认可	未认可保教机构	(a)私立认可与公立比较(私立优时取○)	(a)未认可与公立比较(未认可优时取○)	(a)未认可与私立比较(认定外优时取○)
28. 保育时间延长程度	18.48	18.87	19.71	○ **	○ **	○ **
29. 休息日有无保教	0.02	0.05	0.14	○ **	○ **	○ **
30. 儿童病后有无保育	0.00	0.02	0.17	○ **	○ **	○ **
31. 平日家长会、与家长交流频度	0.91	0.92	0.62		× **	× **
32. 休息日有无家长会、与家长交流	0.21	0.43	0.53	○ **	○ **	
33. 与儿童保护中心等联系	0.65	0.63	0.38		× **	× **
34. 有无设立监护人联系窗口	0.61	0.81	0.37	○ **	× **	× **
35. 有无用电子邮件与监护人联系	0.09	0.24	0.20	○ **	○ **	

注：＊＊表示在5％的基准上有意义。

表3.4 其他服务（Other Characteristics）比较

	公立认可	私立认可	未认可保教机构	(a)私立认可与公立比较(私立优时取○)	(a)未认可与公立比较(未认可优时取○)	(a)未认可与私立比较(认定外优时取○)
36. 有无残障儿童	0.58	0.49	0.15	× **	× **	× **
37. 有无紧急、临时性保教服务	0.27	0.31	0.40	○ **	○ **	○ **
38. 室外场地在休息日是否向社区居民开放	0.18	0.23	0.04	○ **	× **	× **
39. 有无外国儿童	0.59	0.58	0.57			
40. 是否有网站	0.29	0.39	0.42	○ **	○ **	

注：＊＊表示在5％的基准上有意义。
（引自关于保教服务价格的研究会的报告《保教服务市场的现状和课题》（2003年3月28日）。各项右侧的数字多数表示实施概率，超过1的数值表示年数、时间或实施频度。）

首先，与"保教条件"相关的质量比较方面，在结构性指标中，报告的陈述如下："从与保育者能力及资格相关的指标来看，除专职保育者的比例一项外，在其他所有项目上，公立保教机构都优于私立保教机构。除师生比例一项外，在其他所有项目上，公立保教机构也都优于未认可保教机构。在保教设施方面，公立保教机构均优于私立机构；除儿童人均活动室面积、室内游戏场所面积一项外，其他项目公立保教机构也优于未认可保教机构。考虑到该样本里所包含的未认可保教机构都是规模比较大、比较好的情况，可以说在结构性指标方面，公立保教机构要明显地优于私立的和未认可保教机构。换句话说，公立保教机构中保育者的水平较高、保教设施较齐备，明显优于私立的或未认可保教机构"（又，表3.1中，从师生比和儿童人均活动室面积等方面来看，未认可保教机构要优于公立或私立认可保教机构。这一结果有些意外，由于不能看到其测试方法及整个数据，所以不能确定出现这样结果的原因）。

其次，关于"发展心理学指标"，该报告指出："在举办运动会等与儿童身体发育相关的指标方面，公立保教机构明显优于私立保教机构，而私立保教机构又明显优于未认可保教机构。另一方面，从儿童日常管理记录等所反映出的儿童健康和安全管理相关的指标来看，未认可保教机构的某些指标低于公立或私立认可保教机构。但与结构性指标评价结果不同，私立认可保教机构要优于公立保教机构"（在发展心理学指标中，如果"未认可保教机构优于公立或私立认可保教机构"的话，则标记为○。这些项目多数是"保育中有无教育活动"、"除日常联系的医生外有协作医院"、"保育室或庭院设置摄像头守护儿童"之类实施率低、其有无必要性尚无统一意见的项目。笔者认为，在发展心理学方面，得出私立认可保教机构和公立保教机构两者有大的差异，这一结论是比较勉强的）。

（三）若从儿童的视点评定保教质量，则公立保教制度明显有意义

如上所述，从保教条件和内容的角度来评定保教质量的话，显然可看出，这种保教机构的认可制度在确保质量方面是起着决定性作用的。应该承认，特别是在设施条件、保育者的研修、举办运动会、旋律体操等方面，未认可保教机构与公立或私立的已认可保教机构相比，是有不小差距的。

当然，经常听到的"保育中有无教育活动"、"有无节日庆祝活动"等偏重于特定"教育"或者"活动"实施的"发展心理学指标"存在不少问题。对重视内容的适宜性、重视前述的"师生关系质量"的测评方法，还需要多下功夫加以考虑研讨。例如，未认可保教机构举办运动会比较少这一问题，除了其入园儿童较多的原因外，还应该看到其在确保环境条件方面确实存在困难。可以说，未认可保教机构环境条件的改善问题、国家经费补助的认可保教制度的扩大问题等，都已经越来越明显地成为当前紧迫的课题。

（四）保教质量被替换为各自发挥"优势"

然而，该报告并没有从儿童的视点出发，引出保教认可制度起着极其重要的作用这一结论，而是发表了第三个指标"儿童家长方便性"的评价结果。

如果从家长的方便性来看，则私立认可保教机构压倒性地优于公立保教机构。因为私立认可机构的保育时间很有弹性，其中也包括儿童监护人有什么困难或者需要时，与保教机构联系比较容易等因素。在与"家长方便性"相关的评价项目中，其结果几乎全是私立认可机构胜出。未认可保教机构也在多个项目的评价中显示出其优

于公立保教机构的结果。这与上述结构性指标的评价结果形成了鲜明的对照。

确实，在很多评价项目的结果中，私立认可保教机构的标记是〇。报告书中"私立认可保教机构有压倒性优势"的表现语句看来未必不妥。显然，对于休息日保教服务、患病儿童的保教、紧急临时性保教等需求方面，私立认可保教机构或未认可保教机构是能积极对应的。但是，从保教服务时间这一项结果来看，公立保教机构是到下午18点30分左右，私立认可保教机构是到18点50分稍后，而未认可保教机构则是到19点40分稍后。三者之间的差别比预想的要小，这反映出公立保教机构最近也在积极采取措施，延长保教服务时间。

接着，就"家长方便性"的评价结果，报告书特别强调了该评价项目与其他评价项目之间的差异。对公立、私立认可及未认可保教机构三者各自的保教服务质量问题，最后提出了如下结论：

"综上所述，可得出如下结论。公立保教机构在带班老师的能力、资格、设备、儿童发展环境等方面，明显优于其他保教机构；私立认可保教机构在儿童的健康和安全管理以及对家长提供方便等方面，则优于公立保教机构。也就是说，一种保教机构不一定在各方面都做到最好，各自都以自己的优势来提供保教服务。"

如这样对调查结果加以总结的话，按理应得出这样的结论，即无论从儿童发展还是从家长对保教服务的要求来说，都必须确保服务质量。为此，应进一步扩大现行的公立保教制度。然而，报告书却将儿童发展的需求与家长对保教服务的要求割裂、对立起来，于是仅仅强调公立、私立认可保教机构和未认可保教机构各有优势，只要各自进一步发挥自己的优势，以此为重点提供保教服务就可以了。

（五）"作为市场服务的保教质量"论和"作为权利的保教质量"论

报告书指出："有的保教机构（公立保教机构）在提供发展环境方面显现出优势，有的保教机构（私立认可保教机构）在对家长提供方便方面显现出优势，而未认可保教机构在对应家长需求上也具有优势，他们是提供这方面的优势服务的主体。"可见，报告书把保教质量问题的评定全部地相对化了。报告书甚至对儿童保教竟然依靠未认可保教机构的现状也表示出肯定，认为选择具有哪一种优势的保教服务完全取决于家长自身，只要家长选择并感到满意，就意味着保教质量的问题解决了。

报告书原本是从保障儿童发展的视点出发，引入"保教条件"、"发展心理学指标"等要素来定义和评价保教质量的，但得出的结果却是通过保教服务的市场化，顺应既成事实，即未认可保教服务机构的存在，并力推其进一步发展。这种主张是决不可能提高保教质量的！对此要明确的是，为保证保教服务质量，某种形式的公有制度、财政支持制度等是非常必要的。从保障儿童发展的视点来看，为确保所希望的保教服务质量，怎样改善公立、私立认可和未认可保教机构之间存在的保教服务上的差距，理应是要解决的重要问题。可是，在这些关键性的地方，市场论者却遵从听任儿童家长决定的逻辑，并按此思路试图取消公有制度的必要性。

至此，可以说，该《市场分析》报告与《全成本分析》报告一样，把保教质量问题仅仅归至"家长的选择和满意"了。与此呼应，报告书将保教质量替换为不同保教机构经营上的"优势"，其结果是，把为保障儿童发展权利所不可缺少的"社会的责任和制度"暧昧化、模糊化了。不得不说，基于市场原理的保教制度改革论者其本质上缺少一种视点，那就是保障儿童发展的工作必须受到整个社会的关注，它是与社会公共利益密切相关的。

前面一直在讨论保教服务市场化论关于保教质量的定义及其评价方法的特点。从基本上来说,由于市场论者仅以家长自由选择来取而代之保教质量,就完全把保教质量相对化了。结果,如何为既能满足儿童发展权利需求,同时又能满足家长合理要求的保教服务提供社会性保障的重大课题被束之高阁,这是明显的问题所在。

必须保障所有儿童的保育和教育。为防止这一课题陷入被置之不理的境地,有必要积极地宣传应从怎样的视点来理解保教服务质量。十分重要的是,对市场主义者的构想以及催生出来的保教质量评价项目中的种种问题,诸如仅仅重视儿童及其家长的"人气","发展心理学指标"偏重于有无传统节日活动或知识讲授,保教机构对家长的诉求统统归于"方便性"要求,等等,进行认真的讨论。关于积极的保教质量论如何展开的问题将放在后面探讨,下面,先转入讨论市场推进论的保教成本论。

六、保教市场论的成本论所存在的问题

（一）保育者工资的结构性差异的固定化＝低成本论的实质

从前面的分析可看出：市场化推进论者巧妙地"回避"了保教质量的社会性保障问题，并把问题转移到如何谋求保教服务的低成本化这一点上。因此，在两个报告中，对于有关确保和提高保教质量的问题，几乎没有提出任何政策性建议，而基本上只是一些降低成本的具体对策建议。如"公立保教机构临时职员的比例提高到 7 成"；"对（低成本的）未认可保教机构给予信任，建立准认可制度，以便让它们更好地发挥作用"；"入幼儿园儿童的年龄放宽到 3 岁，扩大保育所接纳婴儿的限制等，推进包括幼儿园、保育所一元化在内的幼保一体化运营的进展"。

这些建议或多或少是在提倡扩大和活用人工费成本很低的保教机构。确实，在公立和私立认可保教机构之间、正式职员和临时职员之间、认可和未认可保教机构（甚至包括幼儿园与保育所）之间，其人工费成本是有差别的。图 1 和图 2 是《市场分析》报告书中所引用的图表，表示了公立保教机构和私立认可保教机构各自的正式职员和临时职员之间的工资差别（与年龄、工作经验相关的工资曲线）。不仅仅在公立和私立认可保教机构的正式职员之间有差别，在正式职员和临时职员之间的差别也是十分大的（特别是临时职员，几乎不考虑他们的年龄和工作经验），这一点有必要加以关注。在《市场分析》中没有表示出未认可保教机构职员的工资曲线，但该报告指出：在每小时平均工资上，未认可保教机构的职员要比认可机构的低 28％。

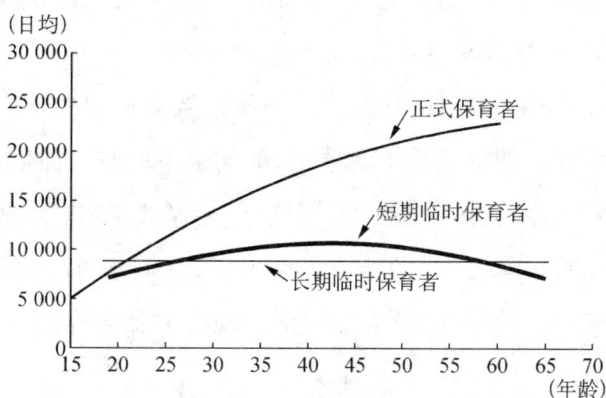

图 1－1　公立保教机构教师的日均工资曲线

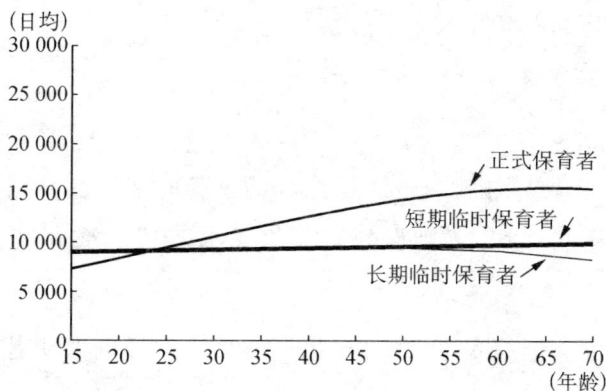

图 1－2　私立认可保教机构教师的日均工资曲线

（出处：与保教服务价格研究会报告《保教服务市场的现状和课题》）（2003.3.28）

也就是说,市场化论者所建议的保教服务低成本化,就是无条件地肯定由经营主体(公立、私立认可、未认可)或雇用形式(正式、临时、合同、打工)而造成的保育者工资结构上的差异,以此为前提来实现低成本化。然而,这里存在一个很大的逻辑矛盾,那就是:如果按市场化论的建议(例如临时职员增加到职员队伍的七成、未认可机构作为准认可机构加以承认并发挥其作用)来实施的话,就会要求临时职员与现在的正式职员有相同的工作质量和工作量,同时还必然要求未认可机构的保育者都具有与认可机构保育者相同水平的保教服务质量。如果在工作的质与量方面都相同的话,当然对这些临时职员就应该同工同酬,取消其工资上的差别。

然而,市场化论者所主张的是,即使是从事相同的工作,所支付的工资仍然可以维持结构上的差别,即同工不同酬。他们甚至还建议要"活用"这种差别的固定化。因此,讨论保教成本时成为焦点的、最富争议性的问题就集中在——围绕从事保育工作的劳动者的工资问题,对所存在的严峻的结构性差别的现实抱什么样的态度——这一点上了。

(二) 保育者自身负担成本
——保育者"流失工资"成本论

根据同工同酬原则,就应该纠正保育者工资的结构性差别状态。如果站在这样的立场上,则保教服务的成本及其计算方法自然就会不同。

作为一个很好的例子,介绍一下在下一节也要引用的 S. L. Helburn 和 C. Howes 所采用的保教"全成本"的计算方法[8]。

根据他们的理论,保教成本是这样计算的:"经营者、家长和社会各方都会从各自的角度来看待成本问题。而从社会整体的角度来看的话，最重要的一点是，把为提供保教服务而投入的所有资源的价值计算在内。"这里最重要的一点是计算"所有的资源"，即计算成本时不局限于现金方面的成本计算。这样，就知道通过各种各样途径对保教投入了"资助（subsidies）"，除了政府和公用事业单位的资助是最重要的以外，还有"个人、社会团体提供的土地、物资、志愿者等的实物捐赠（in-kind donations）"以及"保育者流失的工资收入（forgone earnings）"，也占了较大比例。"保育者流失的工资收入"是指保育者实际得到的工资与"在学历、人种、民族、性别、年龄等方面相同的专职教师所拿到的工资"之间的差额。唯有将这种"流失工资"计算为保教成本的方法，才是成本计算应有的方法。

出于上述考虑，S. L. Helburn 和 C. Howes 认为保教的全成本应由三部分组成。一是以现金收支的形式出现的保教费用，即"消费成本（expended cost）"；二是个人、机关等提供的劳动力、食品及资料等"实物捐赠"；三是职员的"流失工资收入"。基于这样的计算方法，他们调查了美国 4 个州的 300 所保教中心，其结果如表 4 所示，供参考。

表4　典型的保教中心中的每位儿童支付的平均费用（月额）

全成本的分类细目	非营利保教		营利保教		总平均	
	金额	构成比	金额	构成比	金额	构成比
消费成本 Expended cost	$420	71.9%	$386	75.5%	$403	73.5%
人工费 Labor	331	56.7	239	46.8	285	52.0
土地、设施费 Occupancy	31	5.7	78	15.3	55	10.0
食品费 Food	21	3.8	16	3.1	19	3.5
其他运营费 Other operating	28	5.1	40	7.8	34	6.2
间接费用 Overhead	9	1.6	11	2.2	10	1.8
实物捐赠 In-kind donations	$60	10.9%	$17	3.3%	$39	7.1%
流失工资 Forgone earnings	$104	19.0	$108	21.1	$106	19.3
全成本 Full cost	$584	100%	$511	100%	$548	100%

（以 S. L. Helburn & C. Howes, Child Care Cost and Quality, *The Future of Children*, Vol. 6, No. 2, Summer/Fall 1996, p73 上的图为基础制作而成）

从表4可知,总体来看,相对于每个儿童每月支付的保育费用而言,保育者的"流失工资"约为100多美元,相当于总的全成本的20%。换言之,与保教相关的成本中,约有二成是由保育者自身"负担"着的。从中也可以知道,在营利型保教服务中心里,花在设施费等上面的成本实际上就是人工费上压低的部分。

接着,他们对照了这些中心的"过程质量"的测评结果,十分明确地提出了下述现象:"越是质量高的保教中心,如果将其他的因素都考虑进去,其总的人工费就会较高。"他们还认为,这是一个应当预想到的结果,因为包含"流失工资"在内的人工费成本,是反映了保育者所承担的儿童数或者一个班级的儿童数的。

(三) 立足于劳动者权利的保教"全成本"论

本节的标题或许会让很多人想起第一节所提到的《地方自治体服务的全成本分析》报告(略称为《全成本分析》)。然而,这里所说的"全成本"的内涵与之完全不同。

例如,不将机构建筑费用作为预算执行年度的成本,而是在园舍开始使用直至报废的若干年时间里,把每年的折旧费作为成本;将行政事务开支包含在成本计算中,等等。显然,这里的"全成本"是把经常性开支以外的各种经费都计算入成本中。但是,《全成本分析》报告中,一边宣传未认可保教机构如何积极发挥其效能优势,一边在计算未认可保教机构的成本时,却一点不考虑其保育者利用自家私房的"成本"、职员的"流失工资"成本、儿童监护人通过义卖会提供的捐助等等,而只片面地强调其保育费用低廉的一面。

显然,这是两种不同的成本计算方法。对同样的保教机构的成本,是不遗漏地进行计算,并从社会的角度,把保教劳动者付出了人力物力后而理应得到的正当报酬也纳入成本计算呢,还是单单只从企业经营的立场出发,把职员工资之差固定化来进行计算呢,二者的区别是十分明显的。

相对于主张积极使用未认可保教机构、临时职工的市场化论,有必要深入地探讨有关"从事保教的劳动者的正当收益"(把年龄、经验等,作为个人的、集团的专业性形成所不可缺少的要素而加以匹配)问题。如果用这样的方式来计算保教成本的话,那么,日本的未认可保教机构的正式职工以及临时职工因为几乎不可能随工作经验、年限而增加工资,他们的"流失工资"恐怕都会上升到相当的金额。这样,围绕保教劳动而严重存在着的诸方面条件的差异结构就有可能成为问题。含在现今保教单价中的所谓人头费,都是按大致 5 年左右工作经验的保育者来计算的,而根本没有考虑往后工龄增加再提高待遇而发生变化的人头费。这恐怕也将成为今后的一个具体问题。

(四) 竞争将降低保育者的工资和保教质量

如前所述,保教的市场化政策以保育者工资之间的差异为前提并将其固定化。但是,随着市场化政策的推行,事态更加恶化了。这是由于保育者的工资差别固定化,同时保育者的工资整体持续呈下降走势的缘故。这样一来,最终导致的是儿童保教质量降低。

将竞争原理导入并扩展到保教领域会对保育者的工资和保教质量带来什么样的影响,关于这一问题美国的经验早已给出了答案。

根据密歇根大学 S. L. Hofferth 的研究,他比较了 20 世纪 70 年代中期和 1990 年两个时间点上整个美国的保教服务的结构性质量(保教条件),发现在几个重要指标上,保教质量的下降是很明显的,下述数据即可予以说明。1990 年的保教质量与 1970 年代中期相比,在下述 4 点上发生了变化:①"师生比"恶化了 25%,②"每个班组的儿童数"增加了 16%,③"教师在一年中的离职率"从 1970 年代中期

的 15％上升到 1990 年的 19％,增加了 4％,④"教师工资"从一年
14180 美元下降到 12390 美元,减少了 20％。

　　"师生比"和"每个班组儿童数"是重要的保教条件且不用说,从
美国儿童因为保育者一年中的离职率增加而受害,"不能得到稳定的
保教服务"的事实再次说明,"离职率"是表示保教质量的最重要的指
标之一。

　　那么,为什么这些重要的保教条件会在短时期内发生如此明显
的下降呢? S. L. Hofferth 指出,这是因为在那段时间里,政府采用
了竞争性保教政策所致。他还作了如下说明:

　　"从 20 世纪 80 年代后期到 90 年代初期,政府原来对保教中心的
保育课程计划的补助金发生了重点转移,从面向保教事业者转为面
向儿童家长。……通过教育卷形式或税金扣抵方式等,由政府直接支
付给儿童家长的补助金,已远多于基于合同对保教事业者所支付的补
助金了。即是说,政府对保教中心的支出减少了,于是保教中心的收入
中对家长支付的保教费用的依存度就提高了。然而,为了在竞争中争
取获得更多的生源,这段时期里保育中心的保教费几乎没有什么变化。
显然,从政府得到的直接补助金减少的这一时期内,保教中心没有增收
保教费,而是增加了每个班组的规模,增多了带班老师所带的儿童数,
减低了保育者的工资(其结果是离职率增加——笔者)"[9]。

　　S. L. Hofferth 所指出的政府削减对认可保育所的补助金、通过
导入面向家长的补助金(税金扣抵制度)以促进企业参与等刺激竞争
的各种政策,无非就是现在日本政府以放宽政策限制的名义而正在
推行的一些政策。即使是在对保教机构的需求持续增加的时期,经
营者也唯恐生源减少而不会提高保教费,因此,增加面向儿童家长的
政府补助金的做法,就完全起不到与改善保教条件、提高保教质量相
关的作用,这正是日本在讨论保教市场化问题时应注意的重要教训。

　　依据这样的经验,保育者一年中的离职率、工资水平,常常被作

为最好地表示保教总体质量的指标。离职率与工资之间有着密不可分的关系,同时,也与保育者所带的儿童数、一个班组的人数、保育者的资格和经验等所谓的"结构质量"有着直接的关系。重要的是,"一个班组的儿童数"、"一个带班老师所带的儿童数"、"教师的工资"等指标的恶化是日本今天业已发生的事情。

(五) 通过社会性的规范和政府补助金来确保保教质量

本章第三节提到的 S. L. Helburn 等学者依据上述经验,认为为提高保教质量必须转变保教政策,提出了下述 5 点建议。笔者认为,非常有必要以此为出发点,认真考虑和解决日本保教质量和成本之间所存在的问题。

① 需要对家长进行教育。目的是使家长能区分保教质量的好坏,能就保教质量的低劣对儿童产生的恶劣影响等事实对美国社会提出看法,以形成舆论压力。

② 作为整改低质量的保教服务的第一步,首先要提高州一级水平的保教基准。

③ 终止那些推动了对保教事业毫不关心的企业家参与保教服务机构的经营的保教政策。

④ 对有利于实现优质保教的基准,要给以经费支持;要连续雇用训练有素的专家,为促进其实现,需设立补助金制度,支持企业家开办保教机构,提供补助金,等等。通过这些方法,增加政府和民间的投资(直接用于高质量保教服务)。

⑤ 研究如何让保育者为适应工作的专业性,能够接受必要的培训、积累经验并承担责任,具有保障收入的手段。

显然,这些建议与市场推进论的主张是完全相反的。建议中始终贯穿着只有加强对保教服务的社会性规范以及加大政府的支持力度,才能提高保教质量的意识。可以确认的是,通过政府提高质量基准,不鼓励对保教工作缺乏使命感、责任感薄弱的企业参与,增加为提高保教质量而专设的补助金,扩充公立保教服务机构等,才是改善和提高保教质量的捷径。

至此可以看到,市场化论并没有视保教服务质量为社会对儿童发展权利的保障水平的标志,而仅将其定义为儿童家长的选择和满意度指标。这样一来,保教质量被相对化,变为不管有什么问题存在,谋求保教服务的低成本化成为了最大追求。可以说,低成本化的焦点是削减人工费的成本,也就是使用低工资的保育者。

针对上述状况,由"从事保教工作的劳动者正当的收入报酬"而引发出来的保教成本论,有必要将之具体化。但是,这决不是仅仅简单地列出表示工资水平的数值。在讨论此问题之前,还必须讨论如何认识保教劳动的性质、特别是保教的专业性问题。必须明示保教劳动的专业内涵,以得到社会舆论的承认。否则,不可能越过基于市场原理的工资决定论这一关口。在下一章里,将从保教质量这一视点出发来讨论保教的专业性问题。

注

[1] 该报告是根据 17 个自治体的 15 个公立保教机构和 10 个私立认可保教机构的数据制作而成的(但是,对未认可保教机构没有具体数据)。又,该报告发表后不久,就被纳入为日本财政审议会年度支出合理化及财政结构改革学习会的资料。

[2] 该报告使用了日本关东 10 个都县的各市町村认可保教机构的数据,并自负地称其是关于保教服务成本的"日本最早的地道而全面的实例分析"。但是,关于未认可保教机构,只对东京 6 个地区中的少数机构作了取样调查。

[3] S. L. Helburn & C. Howes, Child Care Cost and Quality, *The Future of Children*. Vol. 6. No. 2, Summer/Fall 1996

[4] R. Soupp, J. Travers, F. Glantz & C. Coelen, *Final report of the National Day Care Study*: Children at center: Summary Findings and their implications, Abt Books, 1979

[5] 作为参考,想补充一下美国"班组大小(规模)"和"师生比例"的最低线标准。根据全美幼教协会实施的、美国保教质量代表性认证系统的认证基准(不达标就不能通过认证)(The National Association for the Education of Young Children, Accreditation criteria, 1998),规定必须优于以下最低标准。

	规模	师生比例
0 岁	8 人	1 比 4
1 岁	10—12 人	1 比 4~1 比 5
2 岁半前	12 人	1 比 6
3 岁前	14 人	1 比 7
3—5 岁	20 人	1 比 10

又,英国规定的国家最低基准(Department for Education and Employment. Nation Standards for under eight day and childminding, 2001)规定班组的上限是不得超过 26 人;各年龄段的师生比例为:0—1 岁是 1 比 3,2 岁是 1 比 4,3—7 岁是 1 比 8。

[6] S. L. Hofferth, Child Care in the United States Today, *The Future of Children*, Vol. 6, No. 2, Summer/Fall 1996

[7] 美国等国家进行保教质量和过程质量的研究时,不是一个而是多个条件要素重叠在一起(例如,引用来自有关班组人数的研究结果时,把"班组人数"和"保育者的资格和经验"重叠在一起),从统计角度看,一般认为条件质量和过程质量之间是相关的。换句话说,如果像《全成本分析》那样单独取出临时职工比例、职工配置基准等(其他条件要素未予以控制)进行比较,看出条件质量和过程质量之间相关的可能性是极低的。为此,考虑这种方法存在的问题,即使假定能认可用"顾客满意度"来测评质量,但如果条件要素没有影响到过程质量,也是不能下结论的。

[8] [10] S. l. Helburn & C. Howes, Child Care Cost and Quality, *The Future of Children*, Vol. 6, No. 2, 1996

[9] S. L. Hofferth, Child Care in the United States Today, *The Future of Children*, Vol. 6, No. 2, 1996

第 三 章

第三者评价:指南化与保教质量

从前两章可以看出，市场主义者的保教经营论中，仅仅只从满足顾客（儿童家长）需要的角度考虑保教，也仅仅只按家长的满意度来定义保教质量。与此相对，笔者明确地提出了把握保教质量还必须考虑"与保教相关的人的正当要求与权利"这一视点。

上一章的结尾处也提到了构筑"与保教劳动的付出相应的正当报酬"相联系的工资论、成本论的必要性，阐述了必须首先明确保教劳动的特殊性，特别是保教专业性的内涵的重要性。为此，早期保教的"指南化"问题就成为必须讨论的首要问题了。因为在市场主义的保教经营论中，以指南管保教已经被当作确保保教质量的一个好主意。他们主张通过指南化、通过明确保教工作的基准，来普遍地维持保教质量，而可以不必那么依赖保育者有无经验或者有无受过专门的训练了。

这种"保教指南化"存在着一个根本的矛盾。即本应当是依照"与保教相关的所有人的正当要求与权利"进行的必要的保教活动，却在"指南化"中变成一个死板的木雕。因此，必须明确地认识到，保育者的专业性是保教劳动的"权利保障"特性所要求的、不可缺少的东西，而绝不是由指南化可以替代的。

在此，首先就早期保教指南化的幕后推力即"第三者评价"问题作一论述。

一、保教服务的评价基准是如何制定出来的
——试问东京都服务评价系统的保教观

（一）进行"第三者评价"，围绕一个项目即可

　　厚生劳动省为了配合提高保教质量的工作，建立了"第三者评价公司"。该公司在书面调查和1～2日的访问调查中，提出了53个评价项目要求调查对象进行评价。但是关于保教内容，每个领域都只有一个项目，这样能真正评价保教内容吗？这不能不让人怀疑。尽管如此，评价项目还是排列了53个。

　　然而，那么多的评价项目要进行检查，用仅有的几小时是不可能观察出来的，已经有很多关于观察保教活动的时间是否太短的质疑。在评价项目中，有一项是观察并确认该保教机构的保育者是否"对儿童具有共感理解（与儿童情感共鸣并理解儿童）"。然而，针对培育共感关系的复杂度和深奥度，这样的短暂调查难道能真正达到目的吗？实施调查的一方也很烦恼，认为调查项目太多，不可能进行适当的

评价。

如果要实施与提高质量相关的第三者评价,似乎只紧紧围绕一个项目就可以了。例如,集中在"对儿童的共感理解和接纳"这一条上。其实谁都可能这么认为,只要进行认真踏实的调查,保证充分的时间,让保教机构和调查者在平等的立场上进行深入的讨论,就能达到较好的效果。即使只是一个项目,只要能切入进去,深入剖析这一项目,是能够看到改善包括保教条件在内的、与保教机构的保教质量相关的各种要素的方向的。

然而,厚生劳动省大概不会赞成上述"只需围绕一个项目的第三者评价"。因为他们最初的目的是想对各保教机构进行综合评价并公开结果,以刺激保育者之间的竞争意识。抱着这种"不纯的动机",所以他们当然是千方百计地想提出一些能比较和选择保育者的综合性问题。在这里,笔者想强调的一点是,一心想把竞争原理导入保教服务的人,从本质上是根本不关心保教质量的。

(二) 研究未先行,是否太仓促

利用公立保教机构人工费的一般财源化问题为契机而成立的"保教问题研讨会",在讨论导入"利用合同制度"的问题时,受到了来自社会舆论的强烈批判,质疑"是否招致保教质量的降低"。由于"保教质量问题"成了阻挠这一策划的重大原因,所以,厚生劳动省的计划被卡住了。

其后,厚生劳动省接二连三地设立了审议会或研究会,并建立了保教机构的第三者评价制度。

然而,欧美等国有关保教质量的评价系统是在对保教质量积累了一定研究的基础上才构筑起来的,而与此相反,日本几乎在没有这方面研究基础的状况下,就匆匆上阵评价,这样是否太仓促了?并且,从一开始就把有关保教条件质量的评价项目排除在质量要素之外,这是一个重大的问题。因为这会大大延缓日本原本已落后的儿童福利设施最低基准的改善。

一般说来,"保教质量"问题总是和"保教效率性"成对地被议论的(例如,社会福利基础结构改革中期报告的标题就是《保教质量与效率性》,希望大家能回想起来)。是真正针对保教质量而制定的评价制度呢,还是意在推进向合同制度转换呢? 恐怕这一疑问始终也不会明朗化。

如果已开始进行评价的话,那人们自然会期待这一举措会刺激那些按旧形态运营的保教机构,促使他们改进。让第三者评价制度能成为一种更好的系统,这种善意的努力是很难否定的。然而且慢,没有研究的积累,那根据什么来建立评价保教质量的基准呢? 虽说是"中立的客观的评价",不过是字面上而已。所谓"中立的"保教观的实质是什么呢? 必须在对之加以充分思考的基础上,才能考虑保教质量评价制度的对应。

(三) 标准化—指南化的推行

这里,举出东京都所制订的保教服务评价基准,看看该基准是如何制订出来的。之所以取出东京都的而非厚生劳动省的"第三者评价基准"的理由是,因为其明确表示了要彻底地推行保教服务的标准化和指南化。在厚生劳动省的评价基准中,尽管明确地表示,保教机构指南的有无会影响评价,但是,也意识到对偏重于指南的评价的批判,所以也指示要避开依存书本和指南的评价。总之让人觉得他们犹豫不决。

与此相反,东京都提出的评价基准在与保教内容相关的大项目("服务提供的过程"这一项目名称)中,明确写着"确保标准的服务水准"。细看内容,列着"指导手册(基准手册、操作过程手册、指南等书面资料)是否已作成"、"每年是否修正"、"是否在积极使用"、"是否放在便于使用的地方"等多个具体检查项目。

进而,再看看平成 15 年(2003 年——译者注)对接受评价的保教机构(当时东京都选择了几个认可保教机构,实施了基于东京都评价基准的评价工作)所指出的应改进的事项。半数以上的保教机构都被指出其指南的制作不充分。虽然东京都认为,可以有多种评价基准从多种视点进行评价,但实际上不论哪个评价单位均将有无指南、指南使用状况等作为判断标准。也就是说,早期保教的评价基准完全是为了彻底地推行指南化(关于指南化所带来的问题在下一节阐述)。

当然,除了指出应该彻底推行指南化以外,也有"职员是否针对提高服务水平而灵活机动地应对"这样的项目,这是在鼓励进行超标准的服务实践。然而,在保育现场的实际情况是,指南化本身已让保育者竭尽全力,另一方面,超越指南的实践活动也未得到高度评价。这恐怕是由于指南的制作和使用大大左右了评价的缘故。第三者评价对保教机构带来的最大影响恐怕就是促进了指南的制作。下面,列举作为指南化急先锋的东京都评价基准,看一下他们是如何把指南化添加进去的。

(四) 提高使用者的满意度就是质量的提高
　　——东京都保教服务评价系统的基本特征

那么,为什么会如此重视"确保标准的服务水准"这一评价项目呢?

在回答这一问题前,先看一下设立了"东京都福利服务评价推进机构"的保教机构第三者评价公司的概要。该评价系统大致上由两大部分组成。一是调查使用者满意度的"使用者调查",另一个是对"所提供的服务的内容、质量、经营及组织管理能力"的"工作评价"。表1是"调查使用者"的项目,表2是"工作评价"的确认项目,表3是与表2工作评价中的"6 服务提供的过程"相关的具体项目。

表1 调查使用者通用的评价项目

认可保教机构

通用的评价项目

入园・保教机构运营方针	你能接受保教机构运营的基本思想方法(理念・方针)吗?
	职员工作等反映出的日常保教服务与保教机构运营的基本思想方法(理念・方针)一致吗?
	你认为保教机构努力通过节日庆祝活动等与社区居民交流吗?
设施环境	孩子生活的地方充满安定、平和的气氛吗?
	促进孩子发育、激发孩子积极性的玩具准备得充分吗?
	保教机构对付外部来的侵犯的安全对策充分吗?
每天的保教服务	孩子入园时,是否能把握、确认孩子的状态?
	餐饮种类丰富吗?
	散步等到户外去的活动多吗?
	是否有活动和游戏来培育与孩子发展相适应的丰富的感性认识?
	带班老师是否知道班上儿童的优点和他们的个性?
	保育者或者其他职员在保教行为、应对水平上是否大致相同(差异很小)?
	离园时保育者是否说一说孩子的情况?
	离园时,孩子是否大都表示出满意的表情?
	在离园时间等方面,能否灵活应对家长的紧急加班或临时的不定期的工作?
	能否恰当地应对孩子在保教期间发烧等生病的情况?
	对在保教机构内发生的事故、伤害等,能负责地加以处理吗?

通用的评价项目	
监护人和保教机构间的联系、交流	通过保教机构发来的书信或其他方式的信息,监护人能知道孩子平时的情况和心情吗?
	有关育儿的知识或烦恼,能轻松地进行咨询吗?
	对监护人的种种价值观是否表示理解?
	在安排传统庆典活动日程时是否考虑到尽量方便监护人能够参加?
对要求、意见或不满、纠纷的对应	确实能应对所发生的不满、纠纷吗?
	能否针对孩子和监护人的要求和希望改进工作?

表 2　工作评价通用的评价项目

认可保教机构

通用评价项目	评价通用评价项目时应确认的项目
1　领导和做决定	① 理念·设想的形成和宣传
	② 经营·经营干部的以身作则和统率
	③ 通过合适的进程来决定事务
2　经营的社会责任	① 坚持守法、遵守伦理规定等
	② 工作有连续性
3　把握使用者的意向·满意状况、经营环境、市场动向等	① 使用者意向·满意状况的把握
	② 经营环境、市场动向等的信息收集
	③ 基于上述信息而掌握准确情况
4　课题改进的预设与措施	① 课题改进的预设
	② 课题改进的宣传与采取的措施
	③ 改进的效率与效果的提高
	④ 中长期计划、年度计划的制定与实绩评价
5　职员和组织能力的提高	① 与理念、设想相配的人才结构
	② 对每位职员进行有计划的能力开发

通用评价项目	评价通用评价项目时应确认的项目
	③ 灵活的组织形式与业务分担
	④ 掌握职员满意的主要原因并给予帮助
6 服务提供的进程	
服务信息的提供·介绍	
服务开始时的应对工作	
标准服务水准的确保	
个别对应的重视	
服务的实施	
开展促进儿童发展的支持性活动	
考虑营养平衡基础上提供可口的饭菜	
让儿童感到在园内的生活快乐舒适	参见表3
充分考虑保护隐私、各种人权（包含发现虐待及采取措施）	
紧密与家庭交流、联系	
能应对有特别要求的监护人的多种需求	
安全管理	
对要求、困难、纠纷的恰当处理	
与社区的交流与联系	
7 信息的共享与使用	① 单位内外信息的收集与公开
	② 采纳对改进工作有用的信息
8 有关1—7的活动成果	① 领导与社会责任的成果
	② 职员与组织能力提高的成果
	③ 服务提供的过程方面的成果
	④ 经营指标方面的成果
	⑤ 使用者满意度及解决其要求、困难的成果

表3 工作调查通用的评价项目(6 服务提供的过程)确认项目

认可保教机构

通用的评价项目	通用项目评价后应确认的项目
① 服务信息的提供及介绍	对未来的使用者所关心的事项,提供通俗易懂的信息
	满足那些潜在的使用者的问讯和参观等要求
② 服务开始时的应对工作	对已经约定的使用者,作易于理解的服务说明
	采取措施,使儿童能适应初入园时的环境变化
③ 标准服务水准的确保	日常生活中职员如何应对,编写出指导册(基准书、指南、手册等)
	通过使用指南及其他措施,确保标准服务水准的实践活动
	确定全园保教基本计划,并按此实施,有计划地运营
	职员以提高服务水平为目标,能随机应变
④ 个别对应的重视	了解儿童和监护人的个别情况或要求
	吸纳监护人和相关职员的意见,制定不同儿童的服务计划
	带班老师之间共享使用各儿童的信息
⑤ 服务的实施	开展促进儿童发展的活动
	在营养平衡基础上提供可口的饭菜
	使儿童感到在园内生活快乐舒适
	充分考虑保护隐私、各种人权(包含发现虐待及采取措施)
	紧密与家庭的交流、联系
	能应对有特别要求的监护人的多种需求
⑥ 安全管理	能充分应对传染病、食物中毒、受伤等危险事件的发生
	能充分应对火灾、地震等外来因素造成的灾害
⑦ 对要求、困难、纠纷的恰当处理	有便于监护人表明意见或要求、诉说困难的途径
	有适当、迅速地对应要求、困难及日常纠纷的措施
⑧ 与社区的交流与联系	作为社区的一员,深入开展相互交流
	作为保教机构,与发挥其功能、特征的社区充分开展交流活动

这些评价基准项目的最大的特点在于："使用者的满意度"就完全等于是保教服务质量。如果浏览一下表2中整个"工作评价"项目，可发现与经营相关的项目有很多，这一点是一目了然的，其中的"3-①使用者的意向及满意状况的把握"具有特别重要的意义。关于这一项目，是要检查"作为改善经营的一个步骤，是否有一个机制并能发挥其功能，把握使用者对所提供的服务的意向及满意状况"。具体地说，是希望建立一个能提高使用者满意度的经营战略的经营形态。

把"使用者的满意度"作为评价保教质量的唯一指标的思想方法是否正确呢？在第2章中，对把"保教条件"与质量分割开来，单单用顾客满意度来评价质量会导致的问题，已经作了论述。但是在这里，测评儿童家长的满意度时，如果也能同时检查从儿童视点出发的满意度，那么这种评价方法大体上也算是可以的。用简单的做法来测评满意度，再在满意度较低的地方加以改进，这样一种改进保教的立场不管怎么说也先给予肯定。

（五）满意度低的是"日常交流"和"保育者应对水平参差不齐"

再回到前面提到的话题。为什么促进保教服务指南化的评价项目会占据评价项目的绝大部分呢？据说不如此设置，作为使用者的儿童家长满意度会变低。

这里，有一个调查报告是关于家长述说自己孩子对所在保教机构的满意度的，调查对象是约1600名东京品川区保教机构的使用者（儿童家长）。东京都开展保教服务评价工作是从2003年开始的，该调查是在其两年前所作的预备调查或称之为试行调查。如前所述那样，调查的基本方针是将提高使用者满意度与提高质量结合在一起。不容置疑，该预备调查的结果对确定东京都评价项目给予了很大的影响。

该调查整体设计如下。首先是询问"综合满意度"方面的问题。不言而喻,使满意度提高是服务质量提高的关键。为能看清是哪些要素在强烈影响着综合满意度,这一内容又细分成六大方面("入园—保教机构运营方针"、"设施和环境"、"每天的保教"、"和保教机构的联系和交流"、"监护人和保教机构的联系和交流"、"对要求、意见、纠纷的处理"),用不同的问题来了解满意度(称之为"不同过程的满意度")。进而,再细分若干具体项目来看哪些因素影响这六个"不同过程的满意度"(这被称之为"接点评价")。

根据分析结果,可以看出整体的综合满意度是比较高的。而给予综合满意度最大影响的是有关"每天的保教"的满意度。总体说来,这一项处于很高的水准("很满意"+"满意"+"基本满意"的总和达到 76.3%)。在"每天的保教"方面列出了 20 个具体的项目,下面来看一下这些接点评价。大部分接点评价项目都达到 85% 以上的满意度。而评价较低的项目涉及到家园联系和保育者的应对水平差异。下面从低到高列举一些评价相对比较低的项目:"保育者或者其他职员在保教行为和应对水平上的差别较小"(59.2%)、"送儿童离园时给家长说一说儿童的情况"(62.6%)、"儿童入园时,了解他们是什么样的状况"(71.5%)、"散步等到户外去的活动较多"(78.8%)。

从上述结果出发,该调查报告导出了两个与保教的实践—内容直接相关的"提高保教服务的课题",一是"积极地创造与监护人的交流机会",二是"建立能提供均一质量的保教服务机制"。

关于前者,该调查报告作了如下叙述:"为进一步提高满意度……最重要的是提高与监护人紧密交流联系的质量。""例如,每天在迎送监护人时……和监护人交流一下这一天儿童的情况尚做得不太够。儿童在园时,监护人没有与自己的孩子接触,所以他们希望了解孩子的情况,想知道孩子在园所里是不是很安全很开心。"这一点是很重要的,不过只说到交谈的"质量"问题,笔者认为还有一个问题没有讲到,那就是要考虑给保育者安排与家长充分进行交流的充裕时间和条件。

(六) 对"保育者的水平参差不齐"的不满能通过指南解决吗?

关于"保育者水平参差不齐"的问题,是一个很重要的问题。对这个问题只有将近六成家长表示满意。也就是说,四成多的家长认为保育者之间的保教行为和应对水平存在比较大的差异。

调查报告是这样建议的:"技术也好,信息也好,对每个人都应该是均等的(再确认一下是否依赖于各人的技能)","要求做到,消除进行保教工作的人的参差不齐现象,提供保持一定质量的服务。"从这里可看出,前面提到的"确保标准的服务水准"这一评价项目被正当化了。当然,或许有人认为,能够通过制作指南,应对临时职员或合同工这种短期雇用的保育者不断增加的情况,那也是可以的。但是,应该十分严肃地看到,对"保育者水平是否参差不齐"项目的满意度偏低,给总体满意度带来很大的影响,在现状评价中,这一项也是满意度最低的一项。

这里有必要思考的是,使用者即儿童家长,他们真的是强烈要求制作保教服务指南吗?"保育者的行为和应对参差不齐"时的"参差不齐"到底指的什么呢? 现在每天的课程安排规定已经很具体,难道把吃饭、大小便、换衣服、午睡等日常生活的程序都写成指南书就能消除对保育者"参差不齐"的不满了吗?

在该调查报告中,家长在"带班老师知道班上儿童的优点和他们的个性"(92.5%)、"带班老师相应于每个儿童的性格和发展情况开展工作"(89.3%)等方面表示出比较高的满意度。单看这一结果,也就是说,家长其实是希望保育者灵活地应对的。带班老师在应对儿童时,与其刻意地反复采取规定的做法,还不如针对不同儿童的不同个性进行保教服务更得到家长的支持。保育者能对一个个儿童灵活多样地采取不同的保教方法是大家都希望的。缘此,无论如何都很难理解为什么要强烈推荐指南化的做法。如前所述,即使东京都自己,也不仅使之按指南进行保教工作。他们推荐、奖励"超过指南规定的、随机应变的保教工作方法"。不过,当带班老师判断必须要偏离指南的要求应对儿童的表现时,家长难免会有"参差不齐"感。遇到这种时候,恐怕家长所要求的是清楚地告诉他们为什么会有不同的应对。从现象上看保教的风格不同,但其基本的保教观并没有什么不同,给家长解释明白是非常需要的,但是现在还做得很不够。

为此,家长的对所谓"参差不齐"方面的不满,不应简单地理解为他们要求保教的指南化、划一化。不仅如此,是否应看作是家长在对儿童的看法、教育方法以及有关方法方面,有想与保教机构作进一步交流的要求呢? 是否应通过改进事项第一条所提到的"加强保育者与监护人联系和交流"的途径,来推动问题的解决呢?

(七)"监护人协会的有无"极大地影响满意度

这一节,讨论的话题转为该预备调查中"监护人与保教机构的联系和交流"的满意度问题。

有关"联系和交流"领域的满意度是 56.7%,这与"每天的保教服务"领域的满意度相比,是比较低的。应加以注意的是,"通过监护人协会等能就保教机构内的生活进行意见交换"这一项目相关的接点评价是 62.7%,也是非常低的。在接点评价的所有项目中,这是除了"对要求、困难、纠纷的应对"的接点评价(这一项评价得分最低是理所当然的)之外,得分最下位的水准(请注意,由于不同过程的满意度是按 7 个等级评价的,而接点评价只有两种选择,所以,后者的百分率应该是比较高的)。

很重要的一点是，在"监护人的有无"问题上，回答"有监护人协会"的监护人显然有一种倾向性，即对于"保教机构与监护人的联系和交流"的满意度变高。

也就是说，监护人希望通过监护人协会这类形式，相互之间平等地交流在育儿过程中遇到的苦恼或辛劳，而并不想由上面来指导必须要如何如何培养教育孩子。他们只是希望有一个地方，能在各种各样的生存方式或者育儿方法被接受的同时，相互出出主意或发泄烦恼。从这一点可以看到，儿童家长并不是要求指南式的标准化，他们是希望与朋友交流。指南化、标准化，乍一看似乎是要给这些在不安与压力中摇晃的家长一种安心感，而实际上反有推广生硬死板的育儿观的危险。

（八）为什么没有关于监护人协会的评价项目？

让人吃惊的是，最终作成的"使用者调查表"（表 1）中没有关于"监护人协会有无"的调查项目。非常重视满意度并将其作为大方针的东京都为什么没有列上这一调查项目呢？现在尚无说明该理由的资料，然而，从中却可以清楚地看到制定该评价项目表的人的保教观特征。

如果有了监护人协会，就会对行政部门提出要求或者对今后欲推行的"民营化"、"市场化"提出反对，这是令政府部门头痛的，所以可以推断"政治的理由"恐怕是直接的理由。除此之外，笔者认为，在保教观最基本的方面也存在问题。

回到前面的议题来看，家长希望保教机构能成为家长与家长、家长与保育者之间相互学习交流的场所，希望自己的孩子健康成长，希望保教机构能更详细地告诉他们自己孩子的情况，希望保教机构能理解自己的想法，还希望能向保教机构学习，同时家长之间也相互交流学习，进行非表面的、对等的交流。如有需要，家长也愿意对保教机构的经营和条件的改善尽自己的一份力量。面对家长的希望，保教机构在提供交流平台方面显然还有不少亟待改进的地方。改进保教体制、保教条件，以使早晚与家长相遇时，能有更加充裕的时间和更好的条件进行交流，这无疑是一个紧急的课题。

然而，东京都并不如此认为。虽然他们也说应改进交流的质量，但却认为不需要监护人协会，是不是他们并不期待保教机构成为家长相互接触、交流的地方呢？为什么会这样呢？究其原因，他们把家长看成是"顾客"。在平常的商品、服务中，提供方与被提供方之间的交往关系仅是在很有限的场所的交往而已，那种交往是一种胜负关系。由此立场出发，他们要求快速地应对家长的要求、困难等；也是由此立场出发，他们认为通过指南这种明确提供标准的服务方法，会使应对变得更加简单。他们把家长完全是当作保教服务的消费者看了。

然而，儿童家长的真实身份不是顾客。他们会诉说苦恼，也从保教机构、保育者的保教服务中接受好的影响。如果有监护人协会的话，家长会在那里反思自己育儿的过程，改变自己的认识。保教机构只有作为育儿的伙伴，成为开展相互交流、学习的空间，才是儿童家长和我们所期盼的保教机构。

东京都的保教服务评价基准完全是基于把家长视为顾客的思维，换句话说，完全是基于把保教机构仅仅作为消费场所来看的保教观。其配套而出的标准化的指南也完全是对付顾客的工具。所谓指南是客观地、中立地评价保教服务，这只是一种"期望的姿态"，在现实中，这种评价则是基于没有受到验证的、随意的保教观来进行的。

二、指南化与"保教质量"

（一）兼顾效率与质量的"指南化"

　　把市场原理和效率作为至高无上命题的保教机构的经营,根本不是谋求保教条件的改善,他们把正式职员控制在整个职员队伍的三成左右,怎么可能确保保教质量呢? 而他们作为最有力的手段并予以期待的,就是把保育者的工作完全按指南标准化。

　　这是东京都第三者评价公司的评价结果中的一段:"鉴于本园每日保教工作的时间长、保育者轮流上岗或发生紧急应对等情况,非常希望指南的统一化、标准化,以及尽快地配齐每一个项目。教职员工中有正式的,也有临时的,不可能一直依赖那些老教师的'经验'、'直觉'以及'参考书'等。为能确保本园标准的服务水准,制定作为操作标准手册的各种指南已经迫在眉睫[1]。"

　　如上所述,在日本最早开始的东京都第三者评价中,促进保教机构经营的效率化是目的之一。与此同时,另一受到重视的、作为保教内容评价重点之一的是"确保标准的服务水准",日常保教活动按指南而被彻底地标准化的做法受到了推崇。现在,以自治体为主导,正在大力推行完全标准化的指南。

(二) 保育者能力主义的"序列化"

早期保教的标准化是如何与经营的效率化结合起来的,这在日本经营者团体联盟—社会福利恳谈会所撰写的《入选的保教机构的人事系统——人事考核、工资制度、人才培养》(1999 年)[2]一文中明确地表现出来。

该书在其开头部分就写道:在制度变得宽松起来的自由竞争的时代,如何通过提供"价廉物美的保教服务"而成为"入选的保教机构",这是保教机构经营的中心课题。在保教服务市场化的情况下,提议建立一种新的人事系统,它在人事管理方面要积极吸纳一般企业的经验,在人工费方面加以控制,并且要能"提供优质的保教服务"。这种制度有三个方面是关键。

第一,引入按职务、能力的高低支付薪金的制度,以取代按工龄支付。保育者按其能力可划分为 1 至 4 级,各级职务要求的高低不同(最高级别是 4 级保育者,其基本任务是制订保教计划;1 至 3 级保育者是实际地担当保教工作,请参见表4)。职务级别上升后,工资随之才能提升,只要是同一职务级别,即使工龄增加,工资也加以控制。高级保育者控制在只占少数,而级别低的占大多数,以此来控制总的工资额度,这也意味着经营效率的提高。

第二,基于能力主义的人事考核制度。保育者职务执行情况由其上一级的保育者测评,每年评价其能力及态度一次。根据该结果来审查能否提升级别或加薪。这种能力主义的加薪及评价制度能有效地提高保育者提高自身能力的欲望和要求。

(三) 保教服务的彻底"标准化"

第三,是保教的标准化。这是将保育者的工作制成包括多方面内容的详细的指南手册,凭借指南,让保育者不受经验多少的左右,能够维持和提高"保教质量"。

为此,首先是按各个级别制成详细记述其相应保教服务内容的"职务基准书",内容涉及保教的所有领域,从接听电话等的待人接物礼仪,一直到和监护人的联系、帮助儿童大小便、午睡,乃至和不同年龄的儿童游戏等。这里,把有关3岁以上幼儿的体育游戏和角色游戏内容的基准书资料列出(表4)。

表4　保教职务基准书(3岁以上幼儿)

内容	内　容			知识·技能 资格·证书	设施	
	1级	2级	3级		获取方法 进修·讲习 函授教育 园本教研	资料 教材 指南手册
使用体育器械做游戏(投球、足球)	① 3岁以上幼儿能愉快地使用体育玩具 ② 和同伴一起安全愉快地游戏	① 注意到安全 ② 教授规则 ③ 玩具组合 ④ 使幼儿身体协调地活动游戏	① 把握每个幼儿的动向 ② 关注安全 ③ 做比赛裁判 ④ 帮助游戏顺利进行	幼儿成长的知识、玩具的应用方法、游戏的知识、预知危险的知识	幼儿体育教育研讨会 园本教研	保育与课程 幼儿与保育
角色游戏(培养幼儿社会性)	① 担当各自的角色 ② 讲话清楚 ③ 能与幼儿一起游戏 ④ 教授礼貌用语	① 在角色游戏中 ② 语言交流与同伴、带班老师交往 ④ 帮助儿童掌握好	① 把握所有幼儿的状况 ② 帮助幼儿学会相互友好交往 ③ 观察游戏中幼儿的	角色游戏的种类和游戏方法的知识、幼儿发展的知识、音乐能力(特别是唱歌)	园本教研	保育与课程 幼儿与保育

内容	内 容			知识·技能 资格·证书	设施 获取方法 进修·讲习 函授教育 园本教研	
	1 级	2 级	3 级			资料 教材 指南手册
		⑤ 教寒暄 语	乐趣、兴 趣 ④ 能随机应 变地增减 游戏			

从表4可知,1级保育者的基本职责是和儿童一起游戏(通过身体活动、担任角色等);2级保育者的基本职责是给幼儿教授规则或与同伴言语交流的方法;3级保育者则是以比赛的形式,使游戏能顺利地开展、帮助幼儿之间能友好地交往、一起游戏。这里,将幼儿能力发展的目标及其达此目标的步骤简洁地进行了描述,也指出了保育者为促使该过程实现的主要作用,同时还明示了为开展此工作所必需的知识、技能、资料以及配套的指南手册等。

为了实施该"职务基准书"所规定的职务内容,保育者必须接受研修,以掌握指南手册或教材中所阐述的指导方法。遵照职务基准书的要求,在实现了某级的基准后,才能进一步通过掌握高一级职务所需要的技能、知识,获得升级、加薪的资格。

(四) 保教服务的"规格化"、"标准化"
——指南式标准化的优点

保教服务的彻底标准化的导入是由于经验肤浅的保育者不断增加的缘故,同时也是为了控制人工费成本。然而,"指南式的标准化"又是为了批判和克服保育者依赖于个人所积累的经验、直觉或者保教机构的习惯做法来进行保教活动的状况，是为了达到服务"标准化"的一个手段。

作为"标准化"的优点，第一是所有保育者的行动能"均一化"、"规格化"。

因为保育者的工作只是基于由 4 级保育者制定的保教计划来行动，即哪一天、什么时候、应该做什么主要活动均已经定好，所以按照计划和基准书确定的职责内容去做就行了。由于行动目标和操作过程都一个一个具体明确地定好了，所以，即使是没有什么经验的保育者也可具体进行操作。这样，如同汉堡包这种快餐食品的生产一样，不管在哪个店里都是相同的味道，保育者工作的差异也就会减到最小。这体现了对"均一性"的重视，即不管哪一个保育者来负责保教工作，其保教服务都不出现什么差别。

但是，其反面的作用是，由于要求保育者忠实地按照"规格"来执行，尽管在"明天要做什么啊"这类日常服务方面不再会有什么烦恼了，但却不得不大大限制他们能力和个性的自由发挥。

其次，由于指南式标准化的导入，对于实践的理论化、体系化的可能性会被寄予期待。

保教计划、职务基准书、指南书等材料尽管是以发展理论等权威性理论为基础，借用了经验丰富的保育者的实践事例以及通俗保教杂志上的一些对策措施等而作成的，但是，对依据保育者长年积累的经验或直觉、保教机构的惯常做法或传统，以及季节、个性等等的保教实践，基准书、指南书等是很难规定和包括的。比如，为什么要进行这样的活动，那样做的科学的、客观的根据是什么，这些都很难表示出来。当然，仅仅从基于权威性理论而体系化这一点来说，由于能确保保教服务"标准的水准"，其根据又很明确，所以能起到"说明责任"的作用。

如此看来，保教服务的标准化不仅能控制人工费，还可期待在保教实践"规格化"、"标准化"这一意义上的"提高质量"。但是，规格化、标准化在本质上是存在矛盾的。

三、保教规格化·标准化所存在的矛盾

(一) 指南化的经验是最精简的经验

可从各种各样的视点来评论指南式标准化问题。这里,拟以对保教标准化倾注全力的美国幼儿教育的经验为基础,指出指南式标准化内在的两个基本问题。

在整个美国教育中,不仅重视指南手册,而且在幼儿教育世界中,对保教的标准化倾注了极大的能量。其正式地开展指南书的制作是从 20 世纪 60 年代后期开始的,当时是以对低收入阶层家庭及其子女提供无偿幼儿教育的"提前开始"(head start) 计划为契机而进行的。

当时,为在全国开展幼儿教育,需要很多保育者,而受过专门训练的保育者严重不足。为此,当务之急是开发把教材和使用手册打包在一起的保教指南书,以使那些接受训练或经验很少的保育者可实施操作。基于当时最新的发展理论、很多研究者参加的"课程"开发在全国范围内展开，投资巨大。以蒙太梭利、皮亚杰、行动主义等发展理论为基础的新"课程模式"一个个诞生出来，流行的不是传统的以游戏为中心的课程。进而，美国开始测评课程对儿童知识发展程度产生的教育效果，并比较各种不同课程所起效果的大小程度。

可以说，人们都认为美国是推行世界上最精简的保教标准化的国家。Stacie G. Goffin 在其《课程模式》这一著作中，加上了历史性的讨论。他写道：以理论为基础的、理想的保教是可以在任何一个保教机构中，由任何一个保育者来再现和模仿（指南式标准化的前提）的想法本身，在今天已倍受质疑了[3]。

在该著作中，作者指出了各种各样的问题，其中被认为是最根本的问题有两个。

（二）保教应是与儿童一起进行的工作

第一个根本问题是，在保教标准化中，忽视了保教工作中儿童所起的决定性作用。

根据 Stacie G. Goffin 的论述可知，通过跟踪研究儿童发展的方式，已经对基于各种发展理论的诸多类型的课程效果进行了比较、讨论，其最重要的一个结论是："适合于任意一个儿童"的最有效的课程，即所谓"最佳课程"是不存在的。具体地说，即使是同一课程，由于儿童的家庭环境或性格的不同，促使其知识发展的效果是不同的，这一点已由近年来的研究数据得到验证。

不是由课程准备的环境或保育者的推动本身，而是由儿童对此的反应行动的质量（如对活动的专注度、持续度等），才是其后更好地预测儿童发展的指标，这一点已经十分明确了。换句话说，重视通过反复练习来学习语言的课程，和与此形成对照的、让儿童在自发的活动中获得教育机会的课程，两者哪一个有效呢？如果是以保教机构为单位比较的话是没有什么意义的,应该说是与各个儿童的要求、特性(也包含其家庭文化的背景)相配的课程才是最有效的。

其结果表示出,能适合每个儿童的课程是不存在的,所以需要相应于一个个儿童的状况进行保教工作。然而,Stacie G. Goffin 指出:在标准化的保教中,这样一种对应是极难做到的。为什么呢? 因为保育者是把该课程或指南所指示的活动作为该时期儿童发展的"标准的、典型的做法"来对待,并由此产生一个很强的倾向性,那就是尽量把儿童推向其所期待的行动。Stacie G. Goffin 对此批判道:这样做的结果是剥夺了"儿童自身创造自己历史的能力,按照对儿童自己来说具有重要意义的方法采取行动的能力"。

一言以蔽之,在极大地左右儿童发展的其自身的能力及能量的激发与吸取上,保教的标准化有很大的局限。可以说这是美国保教课程比较研究的成果之一。

(三) 规格化与专业化的矛盾

第二个根本问题是,导致保育者专业能力的低下。引领美国幼儿教育界之一的学者理莲·凯茨曾就保教标准化(课程模式的普及)给幼教界带来的功过问题,作了如下评述。

课程模式的优点是,通过"保教实践的规格化",保教的"质量波动的幅度减小了,能拉高其最低线的水平";但另一方面其带来的缺点是,相应于具体实践状况的、保育者自身判断能力的成长和锻炼机会却完全被剥夺了。凯茨指出:不能兼顾保教实践的规格化和保育者的专业化的提高是标准化的本质上的困境[4]。

保育者根据儿童的状况选择保教内容和方法的判断能力对保障儿童的发展具有极其重要的意义,这是课程效果比较研究的结论。立足于这一结论的凯茨的论述——指南式的标准化降低了保育者的专业性——"与实践状况相对应的判断能力"——是十分重要的。附带说一下，标准化剥夺了保育者"判断（及其锻炼判断）的机会"，同时恐怕也夺走了保育者"继续工作的意愿和热情"（即离职率提高），并阻碍了其专业能力的提高。据说，彻底实施标准化的快餐食品店的离职率一年中上升300％。这与上一章曾提到的保育者的离职率是保教"过程质量"最重要的指标之一的观点看来是一致的，有必要将这样的现象联系起来解读。

四、伦理的困境和保育者的专业性

(一) 所谓"伦理的困境"是什么？
　　　　——问及保育者的专业性时

　　保育者的"判断力"是其专业性的核心要素之一,这不仅是对应于儿童的状况进行实践的不可缺少的能力,而且也是保教反映"人类正当的要求和权利"这一性质所要求的。指南书里将所有应达到的目标都限定为一个,其达到的手段也很明确,因此说起来是很有效的。然而,当目标有多个且相互对立时,方法有多个因为选择而迷惑时,指南书是无能为力的。

　　在保教工作中,出现有多个目标对立、不知道选择哪个手段合适的事是家常便饭。当儿童及其家庭的要求相互对立或者各方的要求不同时,都会出现这种情况。这在各种类型的人聚集的保教机构中是不可避免的。例如,如下那种情况出现时,保育者应如何应对呢?[5]

　　"在家里,4岁的男孩 T 晚上 10 点多还不睡,所以,其母亲要求带班老师 K 不要让 T 睡午觉，因为母亲早上必须 5 点起来去上班，儿子很晚才睡，母亲就没有足够的睡眠时间。一般而论，男孩 T 每天至少要睡 1 小时午觉，这样才能保证他能健康成长，午睡对他是必要的。这里，就产生了一个两难。如果老师 K 提前叫醒 T 的话，其他儿童或许会拒绝这种以特别的理由对他实行特别对待的做法，也可能这样会影响其他儿童的午睡。如果把男孩 T 看作一个例外来对待的话，今后就会产生问题，即如何保证儿童充分的午睡问题。还有，老师 K 不想与儿童的母亲搞僵关系，也想避免该男孩退出保教机构等麻烦。K 如果想要帮助男孩的母亲解决具体的生活问题，就必须要考虑男孩妈妈的意向。这位母亲十分了解自己的孩子，当然对其自身的状况应该更为清楚。然而，不让男孩 T 午睡的做法到底好还是不好呢？老师 K 感到很困惑。"

这位母亲因家庭生活和实际工作情况而出现的需要、儿童对健康生活及良好的人际关系的权利以及其他孩子的睡眠要求等，全都是正当的要求和权利，但是，这些要求全都要满足是很困难的。"怎么做才是最恰当的对应呢？当对此有多种见解，而最妥善的方法或（从权利的视点来看的）实现方法却不明确时"，称之为"伦理的困境"。如上述例子那样，面临与保教机构相关的人们之间具有不同的诉求需要处理时，保育者往往陷入"伦理的困境"。

(二) 对"伦理的困境"的应对方法

这种事态的出现，是由于相关人们的正当要求和权利冲突交错而产生的，在作为必须实现这些要求与权利的保教设施中，这种情况的出现是不可避免的。

然而，"满足顾客需求"的保教论对于这类事态的出现，是不可能准备好答案的。因为对于"谁是顾客？"、"哪种需求要优先？"这类问题，是不可能由"顾客需求论"本身引出答案的。

这样一来，对于所谓满足顾客需求的问题，大概不得不考虑从不同的视点出发的应对方法。有什么样的应对方法呢？问题的性质不同，应对方法也应不同，可能有以下几种应对模式。

第一种是作为"个人问题"的应对方法。这是看保育者重视谁的要求及情感，将之作为个人感情、主观问题来处理的方法。但这样应对能保证公平吗？一般说来，作为保育者不是要回答这类问题的人，因为他们在这方面有很大的局限性。

第二种是作为"法律问题"来处理的方法。例如，从幼儿园与儿童家长之间的合同内容来看，有没有针对该男孩母亲的要求的义务；能不能判断出 T 男孩母亲的第一养育权、教育权条例中是否包含有"不让其午睡"要求的条文；或者保育者不让 T 午睡是不是属于虐待或疏忽等，也往往可从关联的法律条文中找到答案。如果应对的法律条文明确存在的话，那毫无疑问可解决该困惑，但是，法律条文明确表示出解决方法的情况似乎是很少的。

第三种是作为"业务上、工作上的问题"来对待，依赖幼儿园经营者或上司的判断，根据他们的指示和命令来应对。在平时已被评价为"有效经营的保教机构"里，那里的保育者往往不得不采用这一类接受上司指示的应对方法。

如果上司的判断和老师自己的想法一致，并且能得到家长一方的认可，那这种应对或许是很好的。但是，如果不一致怎么办呢？如果觉得不能同意上司的应对方法而又必须照章办事时，保育者自身是会感到非常紧张和不快的。更让保育者麻烦的是，如果结果没有出现原先预想的那种情况时，责任常常会集中到该保育者身上。在极端情况下，儿童的要求被忽视或延迟解决时，保育者往往会受到良心的折磨。当保育者对职务上的命令持不同意见而不能接受时，造成的问题是很大的。

(三) 保育者的伦理责任和专业性

如果不能依据法律条文应对，又无法靠上司的命令行事时，保育者是不能以个人情感和主观意志来行动的，必须从专业者的立场出发，作出自己能接受的判断。

保育者自身必须从专业角度出发来判断，是应尊重 T 母亲的请求呢，还是应采取对儿童来说最好的处理方法。在面对这类两难的、来自各种立场的要求，考虑应建立怎样的优先顺序时，保育者不是想我个人怎么解决这个问题，而是要设定自己是作为专业团队的一员该如何应对这一问题，即作为专业工作者进行价值判断——在该事例中，应下的结论是，儿童健康、幸福生活的权利是第一要尊重的——因此应该认真考虑一个既不放弃儿童午睡、又能帮助其母亲解决烦恼的具体方法。

至此，根据与"人类要求与权利"相关的理论与判断，作为顾客需要的"保教质量"论不作必要的本质补充是不行的。在可预测的紧急情况下的应对，借助职务指导书或指南书是极其有效的；但是，面对生活中由人们之间的关系而引起的、天天都以新的形式出现的"伦理困境"时，它是苍白无力的。为能应对"伦理困境"，要求保育者具备应对各种要求与权利的、伦理的、道德的判断力和责任感。换言之，站在"人类正当要求与权利"的视点上的判断力是保育者专业性的中心点，缺了它是不能真正保证保教质量的。

下一章，将在学习至今为止的保教研究业已明确的一些问题的同时，具体分析保育者的专业性（判断力）是否在任何场合都是重要的。在此基础上，在关注保教条件与实践的联系的同时，进一步明确所谓"提高质量"究竟指什么。

注

[1] 引自东京福利导航网站(http://www.fukunabivior.or.jp)

[2] 日本经营者团体联盟·社会福利恳谈会所撰写的《入选的保教机构的人事系统——人事考核、工资制度、人才培养》(中央法规出版社,1999年)

[3] Stacie G. Goffin, *Curriculum models and early childhood education; Appraising the relationship*, Merrill, 1994

[4] Lilian G. Katz, Foreword, (S. G. Goffin,同上述[3]著作)

[5] 关于伦理困境的多处叙述引自下述著作或取自其要点。(Stephanie afeeney & Kenneth Kipnis, *Professional Ethics in Early Childhood Education*, Young Children, 40(3), pp. 54-56)

第 四 章

保教质量研究业已明确的几个问题
提高质量:保教条件与专业性

一、优质的保教改变儿童的人生

——开始研究"保教质量"的原因

(一) 保教改变人生

美国在 1984 年发表了题为《保教改变人生（Changed Lives）》的研究报告。

那时，美国在共和党里根政权统治下，大大削减了与生活关联的预算，全国吹起了一股推行教育·福利民营化的"行政改革"旋风。然而，那些认为把巨额税金投入保教是白白浪费的"行政改革"论者在这一研究结果面前脸面丢尽。因为该研究以客观的数据十分明确地证实了"幼儿期是否接受过优质的保教，将极大地左右其今后的人生"，同时，保教给予儿童发展的长期效果换算成金钱的话，"保教将会给社会带来保教所需费用的 5～6 倍的利益"。

(二) 已得到实证的保教效果

这一研究被称为"Perry Preschool Program（佩里学前学校研究）"。因为在日本几乎没有这方面的研究，所以，先简单介绍一下其概要[1]。

1962 年，佩里以美国密歇根州 Ipushiranti 市内的学前学校（供三四岁儿童走读的学前保教设施）为舞台，开始了这一实验研究。首先，他选择了在同一小学校区居住的 123 名幼儿。其特征是，都是贫困的黑人家庭的孩子；3 岁阶段智能测试结果均在平均水平以下。然后，他把这些儿童分成两部分，一部分让他们进入佩里学前学校班，在 1～2 年内每天接受半日的学前教育（以下简称"保育经验组"）；另一部分不接受学前教育，一直在家庭里养育，直到进入小学（以下简称为"家庭保育组"）。研究者一直跟踪这些儿童后来的发展及成长，直到 27 岁。其目的是为了了解幼儿期有无保教经验会不会影响他们的发展，有无长期"效果"。我们以 19 岁时的数据为例，来看一下研究结果。

该结果令人震惊。

仅仅经过 1～2 年的半日保育，尽管其接受保育后已过了 15 年以上的岁月，但在表示面对青春期的社会自立课题的成熟度上的几乎所有的项目，都让人们看到与"家庭保育组"相比，"保育经验组"的儿童的成长要好得多。

表 1　保育给儿童长期发展带来的效果

结　　果	测定年龄	保育经验组	家庭保育组
阅读测试（答案正确率）	19	62%	55%
留级率	19	16%	28%
高中毕业率	19	67%	49%

结　　果	测定年龄	保育经验组	家庭保育组
大学入学率	19	38%	21%
就业率	19	50%	32%
福利领取率	19	18%	32%
有被逮捕经历比率	19	31%	51%

从表 1 中可看出：不仅在基础学习能力—留级率（未能通过正常学习升级、而需接受特别教育的比例）、高中毕业率、大学入学率方面，而且在与生活自立相关的就业率、福利领取率，还有在表示不适应社会的犯法（逮捕次数）的各个方面，统计数据都表明两者有明显的差距（保育经验组的危险率要比家庭保育组低 5% 以下）。不是在部分项目中，而是在作为青年期重要事项的大部分项目中，"保育经验组"都一贯表示出更加良好的成长情况。这表明幼儿期的保育给予儿童发展以广泛的、长期的、持续的影响，这一点受到了人们广泛的关注。并且，在该研究中，对实验开始时儿童自身的"知识能力（仅限于知识能力测试的结果）、出生顺序、家庭环境（双亲的职业、学历、失业率等）"等方面，都作了控制，使两组的情况均等。因此，难以认为上述两组的差别是由于儿童个人的差异或家庭环境的不同而产生的。

实际上，当时在美国，通过与佩里学前学校研究相同的跟踪调查，测定保育效果的研究有很多，在高中毕业率、留级率、逮捕次数等项目方面，这些报告都给出了同样的结果。佩里学前学校研究指出：幼儿期的保育会带来左右其今后人生的很大的（正面的）发展效果，这一点作为不可动摇的事实得到确认，并广为人知。

（三）"儿童发展"给社会带来的利益

某一个财政学者发表文章指出：佩里学前学校中的保育所带来

的"儿童良好发展"换算成"金钱"的话,其结果是社会所得利益将达到保育所需费用的 6 倍到 7 倍[2](表 2)。

表 2　一个儿童平均的保育费用和保育带来的社会效益

（单位美元）	1985 年统计数字
社会所得到的利益	
特殊教育经费的节约	7005
治安—审判费用的节约	4252
相关福利费的节约	22490
由于一生劳动所得提高而增加的税收	6495
高等教育经费的增加	−965
合计	39278
一年的保育费用	6500
上述两者的比例	6.04 倍

所谓"社会所得利益"可作如下考虑:首先,为了留级的儿童,需要用特别体制进行教育,其费用是普通学校的一倍。所以,留级率降低就等于节约该部分教育费。这部分节约的费用分到每一个儿童,约为 7000 美元,这应该可作为社会所得到的利益来计算。同样,由于犯罪的减少,警察与审判等相关费用可节约约 4200 美元;由于失业减少,可减少福利费用约 22000 美元;另外,由于儿童考入大学,可预见其一生所得能够提高,而增加的税收约为 6500 美元。另一方面,由于"保育经验组"儿童的大学入学率提高,所以,该部分教育费需增加,这是由国家税金来支付的,从整个社会来说相当于增加了负担,约为1000 美元,是个负值。

把上述数字加起来,如表 2 所示,社会总共得到约 39000 多美元的利益,它是一年所需保育经费的 6 倍。

这里,毕竟还只以能换算成"金钱"的事项为对象。另外,儿童本人及其家族所得到的,例如由于升入大学而收入增加等情况还没有计算在内。儿童的发展以及家族的幸福感是不可能用金钱来计算的。如果考虑这种不能计算的"真正的利益"，那么，即使在金钱关系上得到的效果等于所花费的投资，也能够看到保育使社会和家庭所得到的利益大大提高了。

重要的是，保育不仅对儿童的发展带来正面效果，而且通过儿童的发展，还给社会带来很大的利益。

在日本，例如上世纪80年代后的"临时调查行政改革"阶段，保教育机构常常遭到这样的指责，"将儿童送到保育所，每月需要20万日元以上的保育费用，对那些靠钟点工劳动只能得到不到8万日元月收入的儿童母亲来说，把一个孩子送入保育所每月还差12万日元"。

仅仅以"儿童母亲的劳动"来测定保教机构的保育带来的利益的这一类议论是如何背离了事实的真相呢？佩里学前学校研究已经明确作出了答复。保育带来的利益不只是表现为儿童母亲的劳动收入表现或价值（税收、企业利益），还必须考虑通过促进儿童发展而呈现出来的价值。换句话说，保教工作是一种通过追求实现儿童的"最佳利益"，并能够最有效地发挥作用的工作。

(四) 唯有优质保教才是最有效的

每天都不可避免的、重复进行的保教工作是很有价值的劳动。佩里学前学校研究公布后，美国各州及社会团体创办的公立保教机构都加快了扩充的步伐。与此同时，要求由联邦政府负责确立保教制度的声音急速地增强，人们认为这是理所当然的事。

然而，这一研究的意义不只是明确了要从"数量方面"扩充保教制度，它不仅明确了"数量"的重要性，而且明确了"保教质量"的决定性作用。在这一点上，该研究具有划时代的意义。

在佩里学前学校所进行的保教研究是花费了很多金钱的。每位保育者带6名儿童，其待遇条件相当于小学教师水平，这在美国是破例的事。资格和热情兼备的保育者和研究人员科学地实践和支持保育,充实了保教体制。为了确保"质量",每个儿童的平均保育费用为6500美元(按现在的兑换率,每月约为65000日元)。

上一节所看到的保教效果只有在这种"优质保教"情况下才能产生。与佩里学前学校研究同时期进行的很多保教效果的纵横研究中,也以大学和研究机构为中心,为进行实验研究准备了特别的条件,他们所进行的"优质保教"的效果虽没有佩里学前学校研究那么明确,但也表现出早期儿童保教有明显效果的倾向。例如,在日本广为人知的"Head Start"——联邦政府为贫困家庭的儿童支付补助金、提供保教机会的项目——无论在人力或物力方面都是在低条件下进行的,以这些儿童为对象而进行的纵横研究中,不一定能明确看到如佩里学前学校那样的长期效果。

(五) 向"保教质量研究"学习

上述研究结果使"优质保教改变儿童的人生"的看法逐渐被人们所认识。从而引出了对"优质保教是什么"这一问题的极大关心。

然而,如佩里学前学校那样的"效果"研究并没有对保教中实际发生了什么进行调查,所以,在明确究竟什么样的保教能培育儿童的什么样的能力方面,还不能说是有效的。为明确地揭示"保教质量",即把构成保教的各种要素如何影响儿童和保育者的行动作为"保教过程"而进行调查,开始了真格的"保教质量"研究。

美国一位研究者基于保教质量研究的成果,作了如下分析。

"最近,各州的保教行政当局都在以再现佩里学前学校为目标。但另一方面,在低劣的保教条件下(例如,得克萨斯州、新泽西州的一个保育者平均要带20多个儿童)进行保教的地方至今依然存在,令人震惊。应该说那样做说不能给儿童带来利益的,单单只是"托儿"而已,或许应该说是带来损失[3]。"

一个保教老师平均带 20 多个三四岁的幼儿,这比起现在日本的幼儿园·保育所的基准来,已经算是"好条件"了。这里所批评的一个保育者带 20 多位幼儿的情况,很容易导致对保教的投资变为"损失",变为"质量低劣的保教"。这一类问题通过欧美的"保教质量"研究早已得到确认。

近来,在日本广泛使用着"保教质量"这一词汇,但其内容暧昧,许多做法也未遵循至今为止"保教质量"研究所明确的原理或规律。例如,日本关于修正最低基准的中央儿童福利审议会的"意见要旨"上写着:"在充分考虑不降低保教质量的基础上,力求放宽与保教机构相关的规定和基准"(1997 年 12 月),但其中一点也没有涉及"保教质量"的实质内容。所以,即使降低条件也可以"确保质量"的论调反而盛行起来。然而,欧美"保教质量"研究的结果已表明,日本这样放宽现行的保教基准,无疑会给确保质量带来困难。

保教老师所带儿童数只不过是一个例子。其实不只是眼睛看见的条件,还有课程类型、保教老师和儿童的人际关系性质、儿童家长对保教的参与等各种要素,正被作为保教质量要素而被列举出来加以讨论。当然,对"保教质量"的理解方法会随着研究的推进而变化,对机械地把某项特定基准塞进保教中,用它来"判定"质量的做法,正在引起人们的反思。基本上可以说,"保教质量"是由创造出保教的人们(保育者、儿童、家长、社区)自己来判定的,应为获得提高和改善保教质量的线索而开展关于"保教质量"的研究。

二、课程与保教质量

（一）"做了就好，○○式"是真的吗？

这是积极致力于从婴幼儿期开始的早期保教的某一教育产业的广告。

虽不是说要让孩子成为天才少年，但是与其等他落后了再后悔，还不如让他从小养成学习习惯……这些话都是巧妙地打动了家长的心的名句。然而，是不是只有这种"○○式的课程"才会有效果，如果不是这种课程有没有效果呢（从"普通的"保教机构是不是就不能产生出"天才"）？这类问题的明确答案似乎是不存在的。

美国在很早以前就开始盛行幼儿期的"保教课程效果的比较研究"。他们选择了基于多种不同类型的课程进行保教的幼儿园、保育所，长期跟踪那里的儿童的发展，目的是明确什么样的课程会给儿童的发展带来最大的效果。确实，这些研究是为了明确"是不是真正有什么课程"做了就好了'"。

这种研究与上一节介绍的佩里学前学校研究是在同一时期、即 20 世纪 60 到 70 年代在美国集中进行的。经过长期的研究和论争，对于课程的哪些侧面应是"保教质量"的关键要素这一点，逐渐确认了几个十分重要的问题。下面将以这些研究为素材，分析考虑课程与"保教质量"。

(二) 课程效果的比较研究的背景

美国在上述时期进行了多项"课程效果的比较研究"，其理由如下。

20 世纪 60 年代时期，美国贫富差别的扩大和种族差别成了极大的社会问题。当时的美国政府把"消灭贫困"作为一个公约提出来。为此，作为最有效的政策措施，对幼儿教育寄予了很大的期望。也就是说，给处于经济贫困和差别中的幼儿提供早期教育的机会，以使他们在入小学时和那些白种人或中等阶层家庭出身的幼儿在学习能力上不存在太大的差别。如果能做到这一点的话，即可防止他们在小学阶段留级或中途退学，进而，可预防他们未来的失业或犯罪的增加。这样，以"提前开始"计划为首，通过给处境不利的家庭环境中的幼儿无偿提供富于教育刺激的计划，旨在通过教育实现"平等社会"的伟大事业就拉开了序幕。

由于美国当时那样的社会背景，课程效果的比较也就有了重要意义，其比较目的是，为促进那些处于不利的发展环境中的幼儿今后的学业及社会自立，开发和发现最有效的课程。于是，保教的"效果"最终都是以学习成绩、"智能指数"的提高——在当时的美国认为"智能指数"是最能表示儿童智力的标尺——来测定了。

(三)"以授课为中心"的课程优势的"假设"

由于有上述那样的背景,所以,对已经存在的"以游戏为中心"的课程和为"提高智能"而新设计的"以授课为中心"的课程的效果比较,成了最受研究者关心的事。进行课程效果比较的研究人员对得出下述结果充满了"信心"。

"对缺少知识润泽的贫困家庭的幼儿来说,应安排含有丰富知识的课程。为此,与传统的重视儿童之间交流和社会感情发展的"以游戏为中心"的课程相比,目标定位在提高儿童智能的"以授课为中心"的课程应该是更为有效的。如果能通过保教使幼儿进入小学时的"智能"提高的话,那么,这些幼儿就能具有自信,其后在校期间的学习成绩也能保持在较高的水平上。"

(四)"以游戏为中心"VS"以授课为中心"的课程

研究结果如何呢?这里,拟介绍一下比较研究中最受到关注的一个项目的情况。该研究也是由佩里学前学校研究的主要研究者怀卡特(Weikart)等进行的。他们把低收入家庭出身的54名3—4岁幼儿分成3组,每组18人,分别接受三种不同类型课程的教育,然后对他们进行跟踪直到15岁,以该结果为基础,进行了课程效果的比较研究[4]。

其中所比较的三种课程的大致特征如下。

① 以格式塔模式-斯金纳程序教学理论为基础开发而成的课程。在这种课程中,为提高儿童智能的周全准备的授课是保教的中心。授课的基本形态是,保育者以正确的文章为示范,让幼儿不断进行口头的反复训练,以期产生累积效果。课程中经常应用练习册和教辅

卡片等。与具体事物的互动和幼儿的自发活动等均不受重视。

② High Scope 模式的课程,这是怀卡特等学者以皮亚杰的发展理论为基础开发而成的课程。该课程重视儿童与周围环境的自发性交往以及与周围同伴的交流。同时,保育者非常明确幼儿的活动对其发展所具有的意义。对在一日活动中促进儿童语言的发展,利用日常环境教儿童"数量"、"分类、序列化"概念等,都给予极大的重视。

③ 沿用传统课程模式——英国保教学校的以自由游戏为中心的课程。这种课程重视幼儿在游戏中的社会交流和他们自身的社会性发展。课程实施中,保教人员设定主题或单元,促进幼儿积极地投入自由游戏,让幼儿通过自己的感官来理解周围世界。

怀卡特等学者预计,从一日活动来看,在三种课程中,由保育者计划、其活动目标又有明确规定的这类活动的时间最长的,是第①种格式塔课程。鉴于此,这一课程对儿童的认知发展应该是最有效果的。

(五) 预想外的结果

然而,其结果却完全在预想之外。

确实,在小学低年级阶段,儿童智能测试的结果是:重视授课的、格式塔模式组明显地优于其他两组。但是,继续追踪调查到 10 岁 15 岁时,却出现了意外的结果。

首先,各课程模式在智能发展方面的差别完全消失了。其他的研究也有同样的结论。或许可以这样说,在"以授课为中心"的课程中,儿童智能指数的上升很大,但反之其下降也很快。即想要再上升到下一步时,却出现了"快速积累起来的知识很快就被忘记"这样的结果(换句话说,与那些没有经过保教的幼儿相比,凡是受过早期教育的幼儿,不论在哪种模式下,其智能发展都能取得同样程度的良好成绩）。

这完全是预想外的结果。怀卡特作了如下的评述。

"当时考虑采用的最有效的模式是'结构化课程'——包含有当儿童想克服学习上的困难时、保育者如何帮助的方法，即有各种详细的手册的、以授课为中心的模式。……（三种模式间的）智能成绩相同的结果，这在认为幼儿教育的中心问题在于选择结构化的课程模式的当时，是多么令人震惊的事啊"。"以授课为中心"课程的神话也终于脆弱地崩塌了。

不仅仅如此。调查15岁时儿童的社会性结果时，更使人感到震惊。首先，调查了暴力、扒窃、毒品使用等反社会行为的次数后，发现"以授课为中心"的课程的儿童的次数竟然是另两种课程的儿童的两倍以上，明显多得多。

还不只如此。其次，在有关日常生活中和人交往、对外界事物的积极性等方面的调查结果也同样如此。例如，儿童在学校、家庭的人际关系方面，如参加体育活动的频度、对家庭关系的满意度、家庭对他的信赖度以及在校期间担任干部的任命次数、学习热情等大多数项目中，发现"以授课为中心"的课程的儿童相对是比较差的。

（六）儿童自我学习的东西

为什么在"以授课为中心"的课程教育下，儿童的社会性方面会出现这么多问题呢？怀卡特对其主要原因作了如下评述。

首先，幼儿时期所学习的是两种不同性质的知识。一种是在授课或课题活动中从保育者那里给出的知识，可以说，这是"以授课为中心"的课程中幼儿学习的唯一形式的知识。还有另一种很重要的学习内容，上述调查结果正是反映了后者的重要性。那就是在游戏过程中、在与人的交往中，"儿童自我学习"的知识。学习这一类知识是学习实际的人与人交往的规则、习惯,这不仅是幼儿期不可缺少的,同时,也将对幼儿日后的发展产生很大的影响。

然而,由于在"以授课为中心"的课程中,保教者的注意力并不放在游戏为中心的儿童之间的交往所具有的教育意义上,也没有在幼儿学习与人的交往方面给予必要的支持,所以,那里的幼儿就不能获得这种人际关系能力。或者说,在"以授课为中心"的保教中,"幼儿不断从成人那里接受指示,其自主性的发挥往往被当作恶作剧而以失败告终",从而给幼儿带来"自发性能力发挥的罪恶感",这样,当然不可能培养他们积极参与的热情和好奇心了。

(七) 在幼儿期应培养什么样的能力

课程效果的比较所带来的意外结果表示:在日常保教中,十分重要的是,应充分重视幼儿的自信、伙伴意识以及人际交往能力等的发展,这些素质会一直影响到幼儿青年期的生活及行动。与此相反,表现为智能指数提高的那种狭隘意义上的智能发展效果,却仅仅在数年时间里就消失了,真正意义上的自信并没有培养起来。确实可以说,"智能测验所测定的认知能力只不过是广博才智中的极小一部分。……善于处理自身感情和他人的关系的能力也是才智的一部分,并且是最终极大地左右人生的一种才智。"(戈尔曼著《EQ(情商指数)》)这种能力与其说是从课程给予的知识中培养出来的,还不如说是在日常不经意的生活经验中儿童通过自己的学习而获得的。

例如,当一个儿童借助老师的指点,使不能如原本想象的那样用弹橡胶筋作动力的小船驱动起来时,这个儿童会有"今后即使遇到困难,只要能得到别人的帮助,总能想法克服它的感觉——自信"。当他和同伴相互说出真心话、消除了相互之间的矛盾时,他会发现"即使意见不同,大家总还是能相互理解的同伴——伙伴",并培养"想通过语言和同伴交流的愿望——交流能力"。其他一些问题现在还有争论,关于"究竟应选择什么样的课程"这样的问题,现阶段课程效果的比较研究的结论如下:"在智能发展这一点上,如果能确保一定的保教条件,则不管选择哪一种课程,对儿童的发展都没有什么差异。然而,在儿童的社会情感的发展方面,重视这一点的课程和把重点放在智能发展上的课程之间,会有比较大的区别"(K. A. Clerk-Stewart)[5]。

也就是说,认为"只要培养出聪明的脑袋就行,其他那些事作为一个人都会自然地掌握的"这样的认识完全是错误的!那么,保教课程应重视哪一方面的教育呢?理所当然的回答是:重视那些对儿童成长为人具有不可估量的影响力的东西,这是已经得到确认的重要结论。

三、儿童的"专注"所表现出的保教质量

(一) 只有在日常生活经验中

"这是爸爸妈妈选择的保育所。"这是由于政府鼓吹"竞争"导致的。近来,在保教界里有一部分保教机构似乎有一种动向,即想通过打着"某某式"成套教材、华丽热闹的传统庆典活动、外部"专家"指导的某某教室等旗号,让自己的保教机构给人以"质量优良"的印象。然而,正如课程效果的比较研究结果所说明的那样,"保教质量"并不存在于那些特定、特殊的课程中。

关于让儿童"改变人生"的问题,佩里学前学校研究报告也作了如下的评述。

佩里学前学校的幼儿与没有经历过保教的幼儿的最大区别是,在小学、中学时的积极性较高、人际关系也较好。儿童对学校生活的热情和自信心是"因为接受了早期保教后来到学校,而不是因为在学校成绩好才产生的……儿童的热情是在对富于智力刺激的保教环境

的反应中产生出来的"。

也就是说,婴幼儿的自信不是靠纸面测试打分数那样的小技法培育出来的,而是在一天天的保教过程中,让他们充分发挥自己的好奇心和能力,并由此得到来自周围人们的不断提高的评价和相互理解,从而实际地感受到自己的能力。只有在这样的生活体验的积累中才会有"保教质量"。

创立幼儿园的福禄培尔也说过:唯有在游戏的姿态中可看到孩子未来的情况。"充满活力地、自发地、默默地、不怕困难地、直到身体疲劳了都还一直坚持做游戏的儿童,一定能成为坚强的、踏实不吹牛的、忍耐力强、为了他人和自己的幸福而献身的人"(《人的教育》岩波文库)。

不过,说到生活经验的质量,"不易看到"是难点所在。对于一般家长来说,与孩子在传统庆典活动中的活跃表现或做对练习时得到的分数相比,要判断孩子的自信心、好奇心及耐心等确非易事。于是,这催生了一种对保教机构的诱惑,即用看起来不错的成果向家长夸耀自己保教机构的质量。

因此,要不拘于眼前看得见的好成绩,保持住真正意义上的保教质量,就需要清楚地把握究竟什么是生活经验的质量。欧美的"保教质量"研究当初也聚集在多少年后的"效果"上,后来,随着"儿童生活经验"起决定作用的结论日益明确,以保教过程中儿童的姿态为对象,测定、比较"质量"的研究就逐渐增多起来了。下面以这些研究为线索,探讨什么是儿童的生活经验以及左右保教质量的要素。

(二) 以儿童的专注度来探索保教质量

这里,介绍一下着眼于儿童"专注度"的"保教质量"研究。

调查对象是英国伦敦近郊的半日制保教设施(婴幼儿学校、婴幼儿班、游戏小组)中的 3—4 岁儿童,该研究的基本想法如下。

人们都说,当儿童充分发挥其拥有的能力时,是儿童发展最好的时候。此时,儿童的专注力增强,活动能长时间进行。于是,什么样的保教条件、要素与持续保持儿童的专注力相关,通过调查这一问题,来探寻"保教质量"核心要素的研究就开始了(研究报告的题目原先是 K. Sylva 等著的《婴幼儿学校和游戏小组中的儿童的观察》。该著作内容的要点收纳于布鲁纳著、佐藤三郎监译《英国的家庭外保教》(诚信书房)[6])。

然而,儿童内心的"专注"状态不是仅仅"从外部"就能简单地观察判定的。所以,该研究结果是借助于有经验的保育者的"眼睛"来判定的。

根据儿童的言语或表情,如果判断他们是"有清楚的目的"、"不是单调地重复,而是下了工夫的、有新的想法"、"有计划、有步骤地在作游戏"的话,就可判定为儿童是专注的。例如,机械地一遍又一遍地重复着把纸一折为二、用胶带纸粘贴起来的动作,就判定儿童为"非专注"状态;与此相反,当看到儿童通过石头—剪刀—布游戏,不断尝试各种技能、作出种种新的挑战时,就可判定儿童是"专注"的。

(三) 促进"专注"的活动与环境

调查中,对 19 个保教设施的 120 位 3—4 岁幼儿进行观察,每人接受两次观察,每次 20 分钟,并每隔 30 秒判定一次儿童的状态"专注"与否。接着,以从中得到的总共 9600 次判定为基础,探索提高"专注"的条件。此外,游戏的连续时间、儿童之间相互会话的活跃程度等,也作为测定生活经验质量的指标来使用。

首先要明确的是,按活动种类的不同,儿童表现"专注"的时间与活动时间的百分比有很大的区别。

表3(左侧"英国"一栏)是按活动的种类,把儿童花在各种活动上的总时间长度判定为"专注"的时间,然后将比例按从高到低的顺序排列而成。这一顺序和在这些活动中的连续时间长度的顺序是一致的。即处在上位的活动,可以说是能引起儿童的关注和坚持的活动(只有"角色游戏"例外,它的关注程度处于中位,但其无论在连续时间的长短或儿童会话的活跃程度方面都是处在上位的,所以,无论在智能方面还是在社会性发展方面,角色游戏都被认为是一种好的活动形式。另外,不用说,在这里与"读写活动"相比,"运动游戏"、"儿童自编游戏"等活动的专注度都显得较低。因为"专注"是从有无在思考、想像方面动脑筋的侧面来衡量的,所以这样的结果是理所当然的,而决不能说这些游戏没有意义)。

表3

活动种类		活动时间中"专注"的比率(%)	
		英国	美国迈阿密
上位群	读写	100	60
	音乐游戏	73	55
	造型游戏	71	42
	桌面结构游戏	71	38
	大型积木结构游戏	70	49
	结构化教材(拼图等)	69	29
中位群	角色游戏	50	38
	小型玩具游戏	50	11
	手工游戏(砂、粘土等)	47	25
下位群	游戏之外的交流	32	18
	儿童自编的游戏	28	21
	运动游戏	22	18
总平均		47	29

处于上位的那些活动具有相同的特征,即都是"由儿童所能看到的东西构成的,或者都是儿童能作出的活动",这些活动都具有这一特性:即使没有来自周围的帮助或建议,也"总能向儿童提示,为达到

目标该如何做,从而使活动能进行下去"。K. Sylva 称之为"对现实世界具有反馈功能"的活动,并建议积极使用具有这种特性的玩具或材料。

(四) 两人游戏是创造性思考的"教室"

作为促进专注的条件,与儿童周围的人际关系相关的两个要素十分重要。

一是"在儿童旁边有保育者"。保育者"不一定要做什么",只要他在儿童近处,就会发现儿童对活动的专注度会提高。可以这样来解释:对儿童来说,成人的存在是缓冲来自周围杂音或诱惑的屏障,使他们对感兴趣的事能持续专注下去。

另一个是游戏的人数问题。两人游戏时,儿童大多显出很专注的神态,如果接着若干人做游戏,再接着玩一个人的游戏,这时儿童的专注度会越来越低。K. Sylva 等学者接受了这一结果,指出:"儿童之间的社会性交往不仅是发展人际关系能力的"教室",也是儿童最复杂的、创造性的思维显现的机会",他再次指出了"同伴"的重要性。

(五) 课题活动促进"专注"的原因

该研究结果中最意味深长的是,保教机构中的"课题活动"频度与儿童专注度的相关问题。

"课题活动"是指由保育者事先计划好的"教育性"活动。由保育者选择好活动的内容和教材,并希望全体儿童一起参加的活动。有的保教机构每天两次以上的课题活动,有的则一次或一次也没有。于是,将此两种机构作一调查比较(实际上,没有一个保教机构在一天内做 3 次以上课题活动的;再有,不论哪种机构,一次课题活动时间都在 15 分钟以内)。

调查对象都是 3—4 岁的儿童。研究结果是,进行两次课题活动的机构中的儿童与进行一次(或 0 次)课题活动的相比,专注时间的百分比更高。这不是由于课题活动时间长(由于在那段时间里大都"专注")而产生的结果,而是由于有较多课题活动的儿童,在自由游戏时也提高了专注度的缘故。

产生这种倾向的第一个原因是课题活动对儿童的自由游戏具有活性化作用。可以看到,通过保育者精心准备的课题活动,"使儿童产生了自信,结果在自由游戏时,他们也会出于自己纯粹的好奇心而继续活动(与保育者提供的活动一样)"。

另一个原因是,课题活动使保育者与儿童的亲密关系得以增强,这给儿童的活动增加了活力。即课题活动给保育者和儿童双方带来了"知识、经验的共有"和互相交谈的"共同的焦点",儿童会产生出"老师知道我做的事,也知道我什么最棒、什么不行",这种安心感和信赖感是与活动的活性化相关联的。

(六) 当课题活动成为"束缚"时

然而,从上述结果就得出课题活动不管在什么场合下都能提高儿童的关注度的结论的话,那就为时尚早了。这是因为同一研究小组用同样的方法,比较了美国和英国的保教设施,结果表明:课题活动过多的话,反而会妨碍儿童的专注,成为发展专注力的"束缚"。

所调查的是美国迈阿密的 12 所保教设施,观察的方法也相同。迈阿密的保教设施里,全都具有课题活动时间特别长(占一天保教时间的一半以上)的特点。

其结果是,与课题活动较少的保教设施相比,课题活动时间长的美国保教设施中的儿童的专注度相当低,这与英国国内的两种情况的结果相比较正好相反。看一下表3(右侧"迈阿密"栏)可知,即使是同一类的活动,迈阿密的儿童的专注度也是相当低的,英国的总平均是 47%,而迈阿密的只有 29%,有相当大的差别。

出现这样的结果有三个原因。

第一,在迈阿密,保育者为接连不断地开展课题活动,需要花相当多的时间准备。在这段准备时间里,儿童会"等待"、"环视四周"、"相互戏闹"或"和同伴闹纠纷"等等,从而造成在课题活动时"非专注"比率也较高的情况。

第二,迈阿密保育者关心的往往是"所有儿童要在相同的时间里结束同一课题"。让儿童进入专注状态,往往要花去许多时间。而很在意时间的保育者却常常忽视儿童已经"专注"的情况,催促儿童的情况不时发生。有学者指出,上述做法似乎优先考虑的是结束课题活动,而不是儿童一方。

第三,自由游戏时的专注度降低了。长时间的只是遵照单向指示开展课题活动会给儿童一种很强的"束缚感"。为此,迈阿密那里的自由游戏变成了以宣泄的跑动活动为主,儿童的专注度降低了。

(七) 保育者与儿童交往的质量

前面大致介绍了该研究的概况。笔者认为,在思考保教质量时,有两个问题是很重要的。

第一,儿童的生活体验在不同的保教机构间会有相当大的差别。前面介绍的英国和美国的比较也是相当令人震惊的。尽管美国的保育者为准备课题活动花费了大量的精力和时间,但结果是不仅看不到英国那种活泼程度的自由游戏,连预先准备的丰富的课题活动内容也不能充分地传达给儿童。

第二,可以说,决定儿童生活经验的质量的保教要素最核心的是,保育者与儿童之间关系的质量。

作为影响儿童生活经验的丰富程度的保教质量,"和同伴投入地交往的时间"、"有反馈功能的教育素材"以及"没有束缚的课题活动"等方面,都是确认的重要方面。

但是,即使控制了"适度的课题活动"这一要素,一天只进行两次,也不等于儿童就能"自动地"获得好的成长。保育者对儿童活动的评价、接纳及交往方法的不同,也直接地影响着儿童的专注度。例如,课题活动能够使保育者和儿童之间的亲密关系得以加深,对培育儿童的自信心也有正面作用。然而,如果保育者一味追求时间,看不清一个一个儿童的"专注"状态时,那就不只是课题活动,连保教机构中儿童的整个生活经验的质量也会降低。

也就是说,课题活动的次数和时间长短,因其对"保育者与儿童的交往的质量"所造成的影响,而成为左右儿童生活经验的质量的要素。下一节拟进一步思考作为保教质量中心问题的保育者与儿童关系的性质问题。

四、保育者与儿童的"良好关系"是什么
——因保教机构而异的保育者与儿童的关系(1)

"我们在观察保育所时多次发现的一点是,决定某个儿童在其保育所中的生活质量的最根本的要素是保育者与儿童之间关系的性质。在有的保育所中,保育者与儿童每天都感到过得很有充实感和满足感,而在有的保育所中,保育者与儿童之间经常会有矛盾,出现一些混乱情况。(在儿童体验的保教质量这一点上)两者之间存在着很大的差异。"(C. Garland 和 S. White 著《儿童和保育所:伦敦 9 个保育所的运营和实践》[7])

(一) 因保教机构而异的保育者与儿童的关系

唯有显现在保育者与儿童脸上的"共处质量"是影响保教质量的最基本的要素,这一点是欧美保教质量研究得到的共同结论。

现在即使在日本,保育者对儿童的交往方法、理解方法极大地左右保教这一点,也已成为共识。例如,修订现在的保教方针时,特别

强调保育者的包容性、共感性、亲和力等，便可知这一倾向。然而，笔者认为，日本保育者与儿童关系的质量多半是受制于各位保育者的个人素质或能力。

与此相反，在欧美的保教研究中，如本书一开始引用的研究报告所说的那样，保育者与儿童关系的质量，保育者个人之间是有差别的，所以，一般的做法是采纳不同的保教机构的做法加以研究。

当然，并不是说保育者个人的力量和资源就不影响其与儿童关系的质量了。然而，那不过是说对了真理的一半。只有面对保教机构之间的保育者与儿童关系的差别这一事实，才能更多地找到使"关系质量"提高的方法。

本节一开头引用的英国伦敦 9 个保育所为对象所进行的"保教质量"比较研究展开了一些讨论，下面，以"因保教机构而异的关系质量"为题进行讨论。

(二) 对话所表现出的"交往质量"

根据 C. Garland 等学者的研究，在英国 9 个保育所中，"保育者与儿童都感到很满足充实"的有 5 所，余下的 4 所保育所中，在保育者与儿童之间相当频繁地产生"矛盾和混乱"。

在这两种类型的保育所中，保育者与儿童的关系各是一种什么情况呢？可以说，这种保教质量的不同在保育者与儿童的会话中清楚地表现出来。

首先，来看一下容易发生矛盾和混乱的保育所中典型的常见会话的一个片段。

3—4 岁的儿童正在室内活动。儿童大概是希望在图画上写上名字吧。一个儿童拿着画好的图画纸走到老师那里去。

一个保教老师一边看一边说："Dean，那是你的画？ 是你画的？

让我看看!"

儿童天真烂漫地答道:"是 Tracy(3 岁女孩)画的,她给我的。"

保教老师的口气完全像是一种要调查冒牌美术品的样子。

"是吗?！Tracy(3 岁女孩)画的话,就不能写上你的名字。"

于是,Dean 默默地把那画折叠得很小,放到口袋里了。

接着这位老师朝着另一位同事用逗趣的语气说:"画这画的是'她'呀。我一开始就看到她在用铅笔画图了。"

(三) 容易发生"矛盾和混乱"的关系

在上述对话中,保教老师的意图与儿童的意图完全错位了。Dean 从擅长画图的同伴 Tracy 那里得到了为他画的一幅很好的图画,他想在上面写上自己的名字。而保教老师对此完全误解了,认为"Dean 是说谎,说别人的画是自己画的,想让老师帮他在画上写上名字"。

记录这一会话片断的研究人员对此作了如下评论。

"当然,(保教老师对儿童意图的)误解是经常会发生的,但这一会话片断的关键点是,保教老师抱有这儿童一定是想欺骗成人这样的偏见,从而才会产生出那样的对话。

在画上写上自己的而不是作者的名字,这对那儿童来说,只不过是意味着写上所有者的名字而已。而儿童的这一想法在那位老师持有的关于儿童的基本看法中是不可能存在的。

再有,那位老师(在没有和 Dean 会话之前)已经知道这幅画不是 Dean 的作品,这从会话的最后部分可清楚地看出。也就是说,她一开始问儿童的话就要表明她已看破 Dean 在说谎(她认为 Dean 让老师看一下画,一定是想表明这是自己画的)"。

也就是说,这位保教老师的误解(错位)并不是偶然的。她所持的基本的儿童观是——儿童是不听话的、一不注意他们就会欺骗大人——正是这个原因，造成了上面的对话。这种情况每天都反复出现。

这一保育所中的保育者说话的腔调，除了一位保育者以外，几乎都是"急吼吼的"。研究人员在报告中写道："他们认为儿童不会像老师所说的那样去做，所以，总认为在让儿童做什么之前，急吼吼地说话是合适的、必要的。"

（四）与儿童同乐的关系

而另一方面，保育者与儿童之间相互的意图、期待吻合的情况下，保育所中的老师与儿童的会话是如下那样的。

室内有几个儿童正在玩粘土游戏。

"我，做了香肠！""这是我生日的点心！"

点心上插着粘土衬底的蜡烛，在粘土上画着一个像，儿童们正围绕着这头像在议论着，话题是像不像电视中经常登场的某人物。保育者这时也兴致勃勃地参加到儿童的议论中。

这时，有一个男孩说："昨天是我的生日。"保育者问："唉，你不是说上周过了生日的吗？昨天是谁的生日呀？"那男孩接着说："上一周、这一周都是我的生日。"

这是一段没什么特别意义的、没什么考虑就发生的对话。但是，任何人读到这一段对话都会情不自禁地笑出声来。记录这一段对话的研究人员说："在这个保育所中，保育者经常会和儿童一起做事、一起交谈，并为此感到非常快乐。他们还会把刚才和孩子做的事重复地做给同事看。要像儿童一样是不容易的，不是讨厌而是喜欢、享受像儿童一样生活的经历，这是保育者与儿童建立良好关系所不可缺少的"。

(五) 区分"肯定的关系"和"否定的关系"的儿童观

C. Garland 等学者强调指出,保育所不同,保育者和儿童对话的基本形态也不同。如上一节所描述的那样形成鲜明对照的对话每天都在重复出现,所以,可以预想儿童从不同质量的对话中所获得的充实感、积极性、对他人的基本信赖等会有相当大的区别。

有区别的不仅仅是对话形态。与对话形态的差异相对应的是,在表4所列的所有项目上——"活动开始、活动选择是儿童还是老师"、"儿童制作品的展示方法"、"对于儿童问题行为的控制方法"、"对儿童上课讲话、说坏话的应对"、"与儿童身体接触的频度"——一以贯之,都是有区别的。

C. Garland 等学者根据这种区别,以保育所为单位,把两种不同的保育者与儿童的关系分别称之为"肯定的关系"和"否定的关系"。这两种保育所对儿童的基本看法和理解儿童行为的做法如表4。

表4

观察事项	肯定的 保育者—儿童关系的特征	否定的 保育者—儿童关系的特征
由谁开始选择活动的?	儿童自己选择做什么、何时做、和谁做、如何做,一天中的大部分时间都是这样过的。	一天中的大部分时间,是由成人决定活动内容,成人决定活动的开始、控制活动。
儿童制作品的展示方法	认为儿童的作品是他们的自我表现,所以,把很多儿童的作品都挂在墙面上。	以成人的标准来评价儿童的作品,为此,只有少数"佳作"被挂在墙面上。
对于儿童问题行为的控制方法	相信儿童具有内在自我控制能力的对话形式(在对话取得一致看法的基础上,告诉儿童不管是否有成人在,个别交谈时都要注意讲话语调)。	不相信儿童内在的自我和自我控制能力,对儿童采用命令、非难、强制等手段的对峙形式(大声训斥,急吼吼说一些早就预想到会有问题之类的话)。

观察事项	肯定的 保育者—儿童关系的特征	否定的 保育者—儿童关系的特征
对儿童上课讲话、说坏话的应对	班级中儿童之间的谈话多，很热闹。允许有对立或不友好的感情的表现。	频繁地看到保育者试图让儿童安静下来。儿童之间一有不友好的表现，就马上制止。
与儿童身体接触的频度	在照顾儿童日常生活外，还看到成人与儿童的（表现母爱的、抚爱的）身体接触。	除照顾儿童日常生活外，身体接触的动作几乎看不到。

首先，在"肯定关系"的保育所中，"可看到儿童基本上对周围环境都较为敏感，能辨别是非，自己能处理自己的事。因此，由儿童自己来选择活动，并决定参加哪个组。保育者期待儿童协助做好整个保育所的运营"。"对儿童行动的最有效的控制，不是通过成人，而是由儿童自身来实现的，这种想法也包含在老师沉默不多言上。在这样的情况下，成人期待能培育儿童自身正在发展的、内在的控制能力。这时，成人的主要作用不是当'警察'，而是当以身作则的'示范'"。

而在另一种"否定关系"的保育所中，"按照他们对儿童的看法，认为儿童基本上是不能自制的，没有成人的监督的话，就不能做持续的动作。因此，儿童动作行为的控制不是通过儿童自身培育起来的能力，而必须通过外力来实现。保育者眼中的儿童接近这样的恐惧感（有时他们确信）：儿童不会是你一步步说了他就听的。对食品与其说想吃，还不如说更喜欢扔；对书与其说阅读，还不如说更喜欢撕；和同伴与其说一起玩，还不如说更喜欢吵架。由于具有这样的儿童观，所以，这种看法在现实世界中造成的危险性在飞快增大，产生了恶性循环。在这种保育所里，保育者与儿童的关系是否定的，那里经常会发生成人和儿童之间的矛盾"。

(六) 保育者与儿童的良好关系不是自然产生的

C. Garland 等学者的结论是,对英国 9 个保育所中的 4 个基调定在否定的关系。在英国,保育有问题的保育所相当多,在日本很多人的印象并非是如此的(顺便说一下,该研究是 20 年以前进行的,英国今天的情况已经有相当大的变化)。

保育者与儿童之间的良好关系不是"自然地、简单地"产生出来的(换句话说,其中有保育者的专业性问题)。现在实际的保教工作正在"肯定的关系"和"否定的关系"之间摇摆不定地前进之中。保育者与儿童关系的性质对儿童的发展具有重要的决定性作用,这与从事保教工作的老师们的实感是完全一致的。

这里有一个问题,就是每个保育者都是在"肯定的关系"和"否定的关系"之间微妙地摇晃着、进行着保教工作的,每个保育者本来也未必是相同的交往方式,而实际上却形成了人人相似的、保育所整体的关系特征。那么是什么原因在影响着保育者呢? 从基本上看,那是由构成保育所的成人同事之间的人际关系的性质决定的,这是 C. Garland 等学者特别强调的一点。关于这方面的详细内容在下一章节里加以探讨。

五、保教机构的氛围、文化、儿童观
——因保教机构而异的保育者与儿童的关系(2)

前一节介绍了在保育者与儿童的关系方面有很大区别的英国的研究情况。这里,我想继续这一话题,分析为什么在一个保育所里的保育人员与儿童的交往方法会如此相似。

(一) 对儿童的共感性

为分析这一问题,首先再介绍另一个把焦点放在保育者与儿童关系上的研究(S. Thyssen 著《对保育中心中的儿童的关照》[8])。

这是以丹麦3个保育中心中的2岁、4岁、6岁的班级为对象而进行的研究。该研究从保育者对儿童的"共感性"这一视点出发,分析了保育者与儿童的关系。所谓"共感性"即"保育者对儿童的活动及儿童所关心的内容有多大程度的兴趣或关注"。

当然,不关注、关心儿童的活动,完全不理解儿童的想法和心情的保育者应该是没有的。但是,当儿童在制作什么东西或者游戏时,保育者是说："在做什么啊？是想做什么有趣的事吧"之类的话,其关注的重心放在儿童的活动内容和兴趣对象上呢,还是与此相反,说一些"是不是在糟蹋东西、浪费时间哦"之类的更多地关注物或时间管理、秩序维持的话呢？前者与后者所关注的重点显然是不同的。

把前者称为"共感性高的保育",而把后者称为"共感性低的保育"。进行哪一种保育"不完全是取决于保育者个人的特性,而是取决于一个机构中所有工作人员的共通做法",从每个保教机构中都可以看到其有特征的保育方式。

(二) 从游戏中看到的儿童同伴关系的差异

该研究报告最有趣的一点是,它指出了进行共感性高的和低的保育的保教机构中,儿童的游戏方式也呈现出差别。

面对 4 岁和 6 岁儿童,可看到如下倾向:"共感性高的保育的情况下,儿童相互之间能倾听对方的说话,并能接受其他儿童的建议,对别人的提案抱有兴趣并愿意接受。……与此相反,共感性低的保育机构中,儿童大都没有表示出对其他儿童提案的兴趣。相反,一直固执于自己的想法,为能按自己的想法做,还总想排斥其他同伴。"

读到这里,不禁令人感慨、震动。

可以说这是一种微妙的差别。在一个共感性高的保育机构里,儿童即使意见不同、发生矛盾,也会以相互交换意见的态度继续交往下去。与此相反,在共感性低的保育机构中,他人的提案不会被接受,或者只服从来自强者的指示。如果这样的生活持续好几年,儿童的感受会累积起来啊！所以,不能轻视其影响！这对每个儿童各自的人生来说,具有至关重要的意义。试想一下,即使和"他人"最初有意见或感情的分歧,但只要相互有愿望交流,那就可以继续交往下去,大家仍然是"同伴"；相反,如果养成了"排他"的习惯,那和他人基

本上是交往不下去的。以互相理解的想法交往的话，双方都会很有
耐心地努力下去，并且都会从中逐渐提高交流的能力和解决矛盾的
技巧，其结果是"同伴感"会更加牢固。

（三）儿童待人接物的学习方法

上述结果表明：儿童之间游戏中所看到的共同合作的姿态和保
育者与儿童的关系有极其相似的性质。

儿童对感兴趣的事物非常关注，而能对儿童各种各样的想法抱
着共感与理解去接纳的保育者就会成为儿童的榜样，儿童将从保育
者那里学会这种待人方式和理解方法。"保育者与儿童关系的性质"
的确具有如此巨大的作用。

该报告还指出，儿童游戏方式的区别不单单是由于保育者的人
际交往方式的不同而产生的，有关评述如下。

"作为保育的直接结果，如果仅仅观看儿童的活动是过于单纯
了。儿童游戏方式的差异可以说是从各个保育中心的成人与儿童所
创造的、维持的、传诵的该中心的文化中产生出来的。文化是基于价
值观、习惯、态度、社会人际关系的，也就是基于"作为人，究竟是一种
怎样的存在"这样的观念，由此慢慢地发展出自己的特征，逐渐地形
成起来的。应当看到，机构的保育者对机构的文化是负有很大的责
任的；文化不仅仅是由成人传递给儿童，也在通过儿童进行着传播"。

（四）保教机构的"文化—氛围"所传递的人文观

这里拟阐述的要点有两方面。

一方面是，各个保教机构均具有自己在各地区的各历史阶段中
培植起来的固有"文化"。"文化"体现着对人、对儿童的基本看法。

例如,是把他人看作是"能相互了解的同伴"呢,还是看成管理或竞争的对象。怎么看待人、怎么看待儿童——也就是为人观、儿童观——是决定一个保教机构中的人际关系基调的最重要的要素。

另一方面是,保教机构内各种各样的人际关系——保育者与儿童、儿童之间、成人之间的关系——都共有一个基本的"为人观",所以,各种关系都具有极其相似的质量。从这些关系中,孕育出各个机构的"氛围",并通过这种氛围把"为人观"继续不断地传递给该机构的新成员。

这样,儿童直接从保育者的交往方式中学习人际关系的理解和对待,在此过程中所接受的为人观、儿童观也对儿童之间的交往产生很大的影响,并会感染渗透儿童的心身,儿童会从中学到很多很多。

保育者、儿童的家长每个人都具有多样的价值观、为人观,但儿童并不会原封不变地将这样多样的观念都统统接纳下来。通过保教机构的文化氛围,该保育所的基本的为人观得以纯化、浓缩,并被传递给儿童。今天,在欧美等国已普遍认识到,保育机构中的"氛围或者气质"是构成保教质量的重要要素,这是这类研究积累出来的结果。

(五) 保教机构的儿童观形成的过程

经过上面的分析,可以说因保教机构不同而产生出的"保育者与儿童的关系的质量"就不同,这是因为各保教机构所具有的基本的为人观和儿童观不同的缘故。

那么,作为保育园所的为人观和儿童观是如何形成并定型的呢?

每个保育者或儿童的家长都具有自己的各式各样的儿童观,那么,为什么同一个保育所里的儿童观会带有共通的特征呢?

简言之,保育园所不是随便地、任意地培育儿童的场所。保育园所是教职员工和家长相互合作——分担,共同推进保育工作,培育儿童的"共同体"。在各保育园所里都有自己的"办园宗旨",即决定了要培育什么样的儿童,把什么保育内容作为最重要的内容等基本事项。办园宗旨表现了保育园所的儿童观。

这里,想返回到上一节介绍的英国保育所的研究上去。该研究分析得出:不同的保育所里,保育者与儿童的关系分为肯定的和否定的关系,其决定性原因有以下三个,这三个原因均与保育所的办园宗旨相关。

第一,保育所的保育目的指向哪里,办园宗旨是决定性的原因。

已调查的9所保育所,如按把重点放在培养儿童的哪种能力上来分的话,可分成两类。一类保育所是重视背诵、文字和数字练习等,即进行那些能马上显现出结果的知识、技能的"课堂教学"。另一类保育所则是重视在游戏和交流过程中,发展儿童的热情、同情心等。

从保育目的来分类,其结果与按肯定的与否定的关系性质的分类完全一致。从这一结果出发,研究人员作了如下评述:"一旦把获得知识和技能作为保育目的的话,就自然地会产生下述情况。"即"上课"成了保育者最重要的事,而不可避免地会出现"在上课时间内,要求儿童保持沉默……允许他们讲的只有与上课课题相关的内容……为防止儿童出现精力分散的情况,成人就需要加以种种限制"等等情况。而儿童处于不得不接受"管理"的情况变多的话,儿童就容易产生"我太小,我不行"的想法。

可以说,脱离了儿童之间的自发的交往,其能动性、关心他人等品质是培育不出来的。在前一类保育所内,"不仅允许儿童说自己的事、自己想到的事或新闻等被鼓励讲出来。成人对儿童很宽容,对儿童自己选择的游戏也积极支持"。

第二,保育所教职员工之间人际关系的民主主义。如果说保育目的是办园宗旨的"内容"的话,那人际关系的民主主义就是办园宗旨的"手续及过程"。

说到"民主主义",似乎是个很生硬的话题。如果一个人的意见受到尊重是由于其地位、头衔的关系的话,这就不是民主主义。不论是谁的意见,即使是经验很少的、年轻的保育者的意见,都应作为一个独立的专业工作者的发言、作为代表儿童心声的发言而受到尊重,这才是民主主义。成人之间的这种民主的交往关系也反映到成人与儿童的关系上。成人面对的虽是不成熟的儿童,但儿童也是有尊严的、独立的人,应以肯定的态度与之交往。

与此相反,在否定关系的保育所中,教职员工相互之间的关系是"在一个领导下面工作的上下级关系"。在那里,保育者对保育内容或传统的节庆活动的决定权事实上是被剥夺了的,保育者的作用仅仅是"将上司给出的课题交给儿童,按要求的计划执行就是"。在这种运营体制中,想让儿童的想法反映到保育工作中是会受到诸多限制的,所以很容易形成保育者单方向地指示儿童的关系。这里要指出的是,在办园宗旨产生的手续中、在其实施的过程中,尊重每一个保育者的意见和权利方面做到了什么程度,会极大地影响到保育质量。因为保育者在保育所里受到多大程度的尊重,会反映到实际工作中他们对儿童的做法上,即影响他们对儿童的尊严及其感情的尊重。

第三,家长与保育所是什么样的关系。

这一点并不直接决定保育所的儿童观。但是,对前面讲到的、保育目的的重点放在哪里的问题,应当说这一点是终极原因。为什么在一些保育所中,保育工作只追求眼前的结果,而在另一些保育所中,把保育的重心放在儿童社会性、感情的培育上呢?那是因为在上述两类保育所中,家长与保育所的关系不同而发生影响的缘故。

从"儿童利益"这一点来看,家长与保育所的关系也有两种情况。一种是缔造相互合作、分担培育儿童的关系;而另一种是家长交了费,以此作为交换,保育所必须在必要的时间内收托儿童,家长与保育所纯粹是事务性关系。

研究分析指出,在后者那样的保育所中,家长往往成了"客人"。关于儿童教育中的问题,家长与保育者之间难以直截了当地交谈。保育者一方往往也没有"与家长一起培育儿童"的想法或者充实感。在这种情况下,对保育者来说,觉得自己只是在培育他人的儿童,于是感到不堪重负、空虚,体会不到与家长一起合作培育儿童的连带感、充实感。而为了排除这种缺乏意义的空虚感,保育者就会产生出在装饰外表的"知识教育"中看到自己工作正当性的诉求。这就是在大多数家长成为"客人"的保育所中,多采用形式上的"知识教育"的本质原因。

(六) 经营＝打造与时代吻合的儿童观的工作

如上所述,英国的研究指出了保育所之所以能够形成共通的为人观、儿童观的主要有三原因,即一是保育所设定的目标(办园宗旨),二是保育所的民主程度,三是家长与保育者责任的分工合作。

与日本相比,在英国相当多的保育者受到其社会地位评价较低的影响,难以确保各个保育工作的自主性和专业性。从这一点出发,对上面指出的经营方针将自动地决定保育者与儿童的关系的描述,或许会稍有不协调的感觉。

然而,这一研究再一次告诫我们保育所运营的重要性。所谓保育所的办园宗旨,不外乎是经营、运营工作。金钱和人员的进出管理表面上看是保育"外侧"的工作,但其中的目标选择、办园宗旨和实施过程的本质将会决定保育质量。

"保育所的儿童观"一旦确立起来后,并不是往后就不再需要改变了。随着社会和家庭的现实变化,对儿童的看法如果不进行修改的话,在保育者与儿童之间就会产生分歧和裂缝。今天,大力施展一味追求争补助金、争夺儿童入园的经营手腕的保教机构尽管只是一部分,但是决不能忘记,经营是在保育园所中打造与时代吻合的"保育机构的儿童观"的工作。

六、"与家长的良好关系"是优质保教实践的中心问题

澳大利亚面向幼教专业学生的保教实践教材,即名为《与幼儿一起做的事》的第一章"儿童、家长与其他教职员工的交流"的开头部分是这样描述的[9]。

"幼儿期保教中最重要的要素是人。……(特别是)在保育者与儿童、家长、员工之间确立良好的人际关系,是保育所保教实践的中心问题","发展良好的人际关系的力量的大小程度决定了保育者其他力量的发挥程度,极大地左右着保育者工作的真正价值。比如,观察儿童、制订保教计划、组织环境等方面工作的是否能够推进并取得效果,与保育者全面的人际关系状况是分不开的。"

正如该教材所描述的那样,在欧美诸国中和家长"建立良好关系"是作为"优质保教实践的中心问题"来对待的,这一关系和教职员工之间的关系、与儿童的关系一样,受到极大的重视。在日本,和家长的关系也受到重视,但不管怎么说,与其说是作为保教实践的"中心问题",还不如说是停留在"外围的问题"。那么,为什么家长与保教机构的关系非常重要呢?什么样的关系才称为"良好关系"呢?下

面,以欧美的研究为线索进行探讨。

(一) 良好关系就是"能相互交谈"的关系

该教材列出下述三个理由说明了为什么与家长的交流是非常重要的问题。

首先,第一个理由是这样描述的。

"因为家长认为自己对儿童具有最终(养育)的责任,(因此)对自己儿童在保教机构中受到的教育有知情权,有就保教内容发言、给予影响的权利"。

如果家长对正在接受保教的自己孩子的情况没有知情权,没有对保教发表意见的权利,那么家长就不可能对儿童尽到责任。所以,家长理所当然地应具有这种权利。

第二、第三个理由是这样的。

"保育者为能提供适合于儿童家庭环境的保教,就必须与家长交谈有关儿童的事","家长也好,保育者也好,各自进行保教期间所发生的事、重要的事,不管是什么事,都必须双方相互知道"。

这三个理由并列起来看,就会浮现出通过良好的交流构筑起来的保育者"与家长的良好关系"是什么概念了。

首先,能就"儿童的事情"相互交谈的关系可以说是"良好关系"。

不言而喻,对家长和保育者来说,知道不同场合下儿童的情况是非常重要的。然而,相互交流儿童在保育所情况的机会实际上是不是很多呢? 例如,在家长会等场合下,保育者往往忙于介绍传统庆节活动或预算的情况,双方直率地交流儿童情况的机会是非常少的。

其次,家长对保育所提出问题、要求或疑问是他们的"权利",保育所负有对此作相应说明的"责任和义务"。

在日本,所谓相互交流"儿童情况"、交流意见时,往往是单方向的、由保育所向家长提出问题、要求、建议等，其中关于儿童情况的内容也大多是负面的、否定的。当保育者说到"我想说一些关于某某儿童的事"时，儿童的家长大多会附和着说："又发生了什么事啊？"笔者认为，承认家长的权利，就不应该是这样一种单向的、负面的谈话，家长和保育所应在对等的立场上直率地交流"儿童的情况"，这才是"良好的关系"。

（二）"因为喜欢这个保育所，所以要在这里"

然而，"能相互交谈的关系"并不是简单地就能构筑起来的。

某个幼儿园园长对我说过一件一个外国儿童刚入园时所发生的事。

这儿童的妈妈对园长抱怨说，孩子刚来日本不久，对这里的环境、活动还很不习惯，保育方面的各种课程太多了。母亲每次来的时候总要诉苦，"为什么就不让我孩子做折纸游戏呀？""孩子说保育所不好玩，带班老师是不是不重视我的孩子呀？"说来说去，反反复复，都是同样这些事情。

这位园长向家长认真地说明了幼儿园的方针、想法、目标等，但仍然不能说服这位母亲。这时，园长忍不住说："你实在有意见的话，你孩子不到这里来也可以的。"可是，儿童的母亲露出吃惊的表情说："我就是喜欢这个保育所，要让儿童一直在这里，所以我才提出那么多问题啊！"

我想这是"也能相互交谈"的关系的最初状态。

这位母亲总是反复诉说自己孩子的事，直率地提出问题、要求和疑问，让保育者感到很为难。然而，这位母亲确实是在很认真地在考虑自己孩子的事。如果保育者能一边劝说她不要偏激，一边把应转告她的事一件件地明确告诉她，恐怕就能建立起以儿童为中介的相互依赖、相互合作的关系了。

（三）要求保育者具备的交流技术

建立"能相互交谈的关系"与家长的关系时，保育者的交流能力起着极大的作用。澳大利亚的教材中有一段专门针对未来保育者的培养，极具体地论述了关于交流的技术。

"'好家长'该是什么样的呢？对此不要抱有偏见、固定观念。"

"与家长多说建设性的话。要注意的地方是：如果当有什么不好的消息要告诉家长时，应努力做到在该家长准备好解决那问题的提案后再说。不管什么情况下，都要留有余地，以便家长用自己的做法、思想方法来解决那个问题。"

"说话时，要考虑到、要理解家长的心情。对于家长来说，孩子的问题会比其他任何问题更能引起他激动。"

……

这里，再次令人深深感受到保教工作是一种多么充满人性、必须具备深奥的专业能力的工作啊。

（四）家长参与的"儿童智慧发展"的研究

前面已经说到应与家长围绕孩子的事情直率地进行交谈，以及保育者的交流能力十分重要的问题。那么，仅仅做到这些就能建立"与家长的良好关系"了吗？

例如，对于最近呼声很强的"早期保教"的要求，如何应对为好；对"儿童是在生活经验中学习的"等等道理尽管作了种种说明，可还是不被家长接受……诸如此类的烦恼很多，所以，园长忍不住会说出"你孩子不到这里来也可以"的话，要是孩子真的不来了呢……

这样思考后，或许会感到，比起认真地、直率地交谈来，保育者掌握决不伤害家长感情的礼仪和口头表达力就更为重要了。不仅如此，要是还认真教儿童识字和数数……

这样，能做到与家长"相互交谈"了，但还不易做到相互依赖和一致的话，该怎么办才好？有一个研究能回答这种疑问和烦恼，那就是英国的福禄培尔研究所进行的研究。其成果是 C. Athey 所著的《培养幼儿的思考能力——家长与教师的合作关系》报告[10]。

研究对象是家境贫困的 2 岁儿童 20 人。三四岁这两年时间内在幼儿园接受保育。研究目的是明确如何促进儿童智能发展的问题，与前面介绍的佩里学前学校研究等进行长期跟踪研究不同，具有下述特点。

第一，不是通过多少年后的智能测试来测定保育所带来的效果，而是观察儿童在幼儿园的行动、会话、游戏和绘画等，以找出"儿童智慧发展"的证据。在本章第 2 节曾讲到儿童不只通过"教授的知识"来学习，"儿童自我学习"具有极大的力量。C. Athey 等学者正是以"儿童自我学习"为前提，抓住儿童"学习的瞬间"来研究。

第二，研究的主体是教师和儿童的家长。当然，教师的研究重点是获得儿童在幼儿园中的情况，但要求家长也参加，要他们把在家里观察到的儿童的情况写在"联系册"里，作为研究资料提供给研究人员。

（五）儿童"自我学习的瞬间"

这样，以教师和家长收集到的 5300 多个儿童自发性行动的观察记录为基础，与儿童家长边交流边深入研究下去。

例如，4 岁儿童 Stewart 在一段时间内对"旋转"的东西特别感兴趣，这一现象从家长和教师收集到的下述事例可清楚看出：

● 对手动缝纫机很感兴趣，很喜欢转动轮把速度逐级提高、盯着看正在旋转的线圈。

● 往水车内注入水，看水车旋转的样子。

● 在家里，什么容器里都爱装装拆拆旋转推进器，好像在做游戏一样。

● 喜欢的绘本里都画有汽车、交通工具。他对其中能动荡部分、特别是旋转的部分很有兴趣。

一个个地孤立看这些事例的话，只会看成是儿童喜欢旋转的缝纫机、画着汽车的绘本及水车游戏等无关的动作。然而，家长和教师观察到的情况完全相同，所以，从 Stewart 的行动中可清楚地看出，他不论在家里或在幼儿园都对旋转着的东西有强烈的兴趣。

实际上，这时的 Stewart 正在进行很重要的"学习"。在缝纫机、水车、推进器等形状和颜色完全不同的物体之间，他"发现"了"旋转"这一共通的动作（模式）。正是这种从具体事物中找出共通的性质和规律的过程才是"智能学习"。该研究表明：幼儿时期的学习，以认识"旋转"这样的模式为轴而深入下去，如果他能继续深入观察，那么这种观察到的模式会贯穿并表现在儿童各种各样的思考和行动中。

该研究在保育实践中的最大的意义是，教师可从中预料儿童会提出哪些问题，从而作好课程内容的准备。

不久，Stewart 向教师提出了问题："为什么东西会旋转呢？"教师正在等待他提出这类问题，于是带儿童去看了实际的水车，并诱发他讨论什么力量促使物体旋转的问题。结果，儿童发现了是水力使水车旋转的。这样，通过深入观察儿童兴趣集中的事物，教师就能把握好时机，了解儿童"自我学习的瞬间"。

（六）只有儿童能让家长这么专注

那么，该研究是如何回答前面提出的问题呢？

如果是要求对他的儿童进行早期保教的家长，该如何回答他才好？应该说"我们一起来研究使儿童聪明的新保育方法吧"。

　　保育所和家长在早期保教方面看法不一致，这问题不是由于什么家长不懂保育才引起的。C. Athey 等学者经过长达 10 年以上的研究，关于幼儿学习还觉得尚有很多不太清楚之处。这时，特别需要和家长一起"共同研究"，以整体地了解儿童在保育所和在家中的情况。

　　有必要研究的问题不仅仅局限于早期保教。儿童的过敏问题、延长夜间保育时生活规律的问题，等等。随着时代的变化而产生出来的一切问题，都是需要家长与保育者共同研究，否则就不能解决的问题。

　　这一研究最重要的启示之一是，家长应成为保育实践研究中最强有力的伙伴。

　　报告说，该研究刚开始时，家长对作为专家的教师有一种恐惧感。由于认识上的分歧，交流不太顺利。然而，当大家看到儿童"学习的瞬间"时，家长表现出无比兴奋的样子，并积极热情地与保育教师一起讨论起来，还说："没有什么能像儿童那样，能让家长这么专注地投入啊。""如果要求家长也参加专业方面的观察研究的话，该如何发挥积极性呢？"作为"自己孩子的专家"的家长与作为"能看到儿童总体情况的专家"的保育者紧紧团结在一起时，最高质量的保育实践才会产生——这也说明了为什么"和家长的良好关系"是最重要的。

七、保育条件就是儿童发展的条件

（一）"脱离现实"的认真

刚进入学前专业学习的学生被问到这个问题："你认为保教机构的老师一人带几个四五岁的儿童？"第一个回答的学生完全以猜测的语气说"大概 3 人左右吧。"接着，对下一个回答的学生又补充强调了一句："是指四五岁的儿童的情况啊。"那学生还是回答说："5 人左右吧。"连问了四五个学生，回答的都是 5 人左右。由于都是脱离现实实际情况的回答，所以，再问隔壁教室的学生，结果答复也是同样的。笔者吃了一惊，情不自禁地说道："你们真是不知道保教机构的实际情况啊……"

学生们直率的回答虽然是脱离了日本的现实情况，但是，如下面要讲述的在欧美的话，这一回答是完全与现实情况一致的正确答复。看来，学生们是抱着认真的感觉来回答的，而"不知道真正情况的"或许是笔者这样对日本现实非常熟悉的人。

(二)"脱离世界"的日本的最低基准

日本保教机构的最低基准,特别是有关"人员配置"的基准,远远落后于国际标准,请参看表5和表6。

表5　英国保育者的配置基准

建议基准 (1991年儿童法)	实际调查结果(1994年)	
	配置比率	保教机构数(%)
未满2岁婴儿 1:3	1:2	14.9
	1:3	83.0
	1:4	2.1
2~3岁儿童 1:4	1:2	3.2
	1:3	6.4
	1:4	57.0
	1:5	28.0
	1:6	5.4
3~5岁儿童 1:8	1:2	1.1
	1:4	5.6
	1:5	38.9
	1:6	12.2
	1:8	42.2

表6　美国保育者的配置基准

	美 国		日 本
	联邦政府基准 (1968年制定)	州基准(平均) (1979年制定)	儿童福利设施 最低基准
0岁	1:4		1:3
1岁	1:4	1:6.6	1:6
2岁	1:4	1:9.4	1:6
3岁	1:5	1:11.4	1:20
4岁	1:7	1:13.7	1:30
5岁	1:7	1:16.5	1:30
达到基准	51%	94%	
未达到基准	49%	6%	

表 5 是汇总了英国《儿童法》所规定的保育者配置的最低标准（1991 年制定）和近 100 所保教机构的实际调查结果而做成的。这一基准并没有处罚规定等强制性做法，仅仅是建议而已，所以，在 2～3 岁的情况下，未达到基准的保教机构占 30％，达到基准要求的为 70％；3～5 岁的情况下，所有的保教机构都达到了基准（1∶8）要求，有一半保教机构的每个保育者还只带 6 名以下的儿童。

　　表 6 是美国的情况。联邦政府制定的基准是那些接受政府补助金的保教机构必须做到的基准，现在正在探讨其是否适用的问题。另外，州政府也制定了自己的基准，其标准各州不统一，表中列出的是其平均值。首先，来看一下比联邦政府标准低的州基准平均值。从表 6 可以看到，在婴幼儿阶段日本做得比较好，而在 3～5 岁阶段，日本保育者平均带的儿童数是美国的 2 倍左右。如果按美国联邦政府的基准来比较，则日本保育者平均带的儿童数是美国的近 4 倍。

　　美国和英国一样，都是很依赖私营企业、民间非营利机构创办保教机构的。为此，按州基准来说，有 94％的保教机构是符合标准的；而按没有强制性要求的联邦政府基准来说，则有半数的保教机构没有达到标准要求。

　　然而，不管哪个国家政府制定的基准，都没有一个保育者要带 10 名以上儿童的，不论哪个年龄段都是如此。从英国的实际情况来看，一个保育者是带 3～5 岁的儿童 5～6 名，因为这样才能确保保育质量，这是常识。

　　与此相反，日本政府规定的最低基准是：一个保育者要带 3 岁儿童 20 人，带 4 或 5 岁儿童 30 人，现在还没有看到要改善的迹象。不仅如此，还一直在推行"最低基准的弹性化"，即可在不增加人员的情况下，延长保育时间或者保育者可带超过最低基准的儿童数。政府常常说"放宽规定是世界的潮流"，却没有说明现在的最低基准是如何"脱离世界潮流"的，这完全是不公正的。

(三) 保教条件给予保教质量的影响

欧美国家保教机构中保育者的配置远远高于日本的最主要的一个原因是,他们长期进行"保教质量"方面的研究,而这一研究明确了保育者的配置状况会给儿童的发展带来极大的影响。

这里拟再介绍一下明确表明保育者条件与保教质量的关系的、最具代表的研究的、常常被人们引用的、全美范围的调查结果的情况(R. Roupp 等,《保教中心的儿童——保教机构全国调查最终报告》,1979 年[11])。

这一研究是以保教基准中与保育者相关的下述三个条件为焦点,调查其对"保教质量"的影响。

① 班级规模(班额)

② 保育者与儿童的比率

③ 保育者的资格

关于"保教质量",主要是使用下述三种数据进行比较。

A 通过保教机构中的观察获得的保育者的行为分析

B 通过保教机构中的观察获得的儿童的行为分析

C 刚入园与入园半年后所进行的二次智能测试(语言理解能力和图形、空间认识两类测试)得分的变化

实际的调查工作进行了 4 年,首先通过电话调查了全国 3000 多所保育所的情况,对上述①、②、③三个问题进行了解,从中选出 57 所典型的"条件好"与"条件差"的保育所。接着,以这些保育所中的 3 岁和 4 岁儿童班级为中心进行观察,获得了上述 A、B、C 三方面的数据,并以这些数据为基础,对条件不同的保育所和班级进行比较。

先说一下比较的结论:①、②、③三个条件中不管哪一个,越是"条件好"的保育所,其 A、B、C 三方面的保教质量也越好。只是,第②

个关于保育者与儿童的比率的条件方面,其影响比其他两个条件的影响略小些。

然而,保育者与儿童的比率没有明显不影响保教质量的结果,终究是美国的情况。而且,他们所说的"条件好的比率"是 1:6,而"条件差的比率"是 1:9(!)。即,对 3 岁和 4 岁儿童分别是 6 人和 9 人的情况进行比较,因此,这一条件的影响显然会比其它两个条件的影响要小。但遗憾的是,第②个关于保育者与儿童的比率的调查结果不能为日本提供参考。

与此相对,上述①的班级规模即一个班级的儿童数的比较是与日本现状相匹配的,能"成为参考"的条件。班级规模小、条件好的机构一个班约 12 人左右,条件差的机构一个班 24 人左右。其师幼比率不管在哪个园所都是 1:6 到 1:9,所以,各班都有 2～4 位保育者带班,这一点与日本是不同的,尽管班级人数与日本的情况没有太大差别。那么,班级规模的大小会产生什么影响呢?

(四) 班级规模越大与儿童的交流越少

请参看图 1。先说明一下看图的方法。横坐标表示班级规模,阴影部分(即班级规模在 12 人到 24 人之间)表示所调查的保育所的75％在此范围内。纵坐标是观察(每 5 秒观察一次)保育者行为的结果,表示看作"教师与儿童交流"(具体来说,是提问、回答、教授、表扬、劝告或鼓励等行为的总计)行为的次数和所占时间的比率(图正中间的粗直线表示总体平均的倾向,其两边的细曲线表示偏差范围)。

结果表明,班级规模为 12 人时,保育者一小时内平均与儿童交流170 次;而班级规模为 24 人时,保育者一小时内平均与儿童交流 144次。两者相比较,前者比后者多 18％。

图 2 表示保育者"看着"儿童的时间长度,其倾向是,班级规模越

小,"看着"儿童的时间越短(按比率来算,减少了 25％)。研究报告特别说明:"对保育工作来说,'观察儿童'是不可缺少的……但是,这里所说的'看着儿童'行为的大多数,不是为了下一步能有效地与儿童交流而有意识地进行的观察,而是紧跟在儿童后面监督性地看着"。

每1小时的次数·( )内是占时间的比率

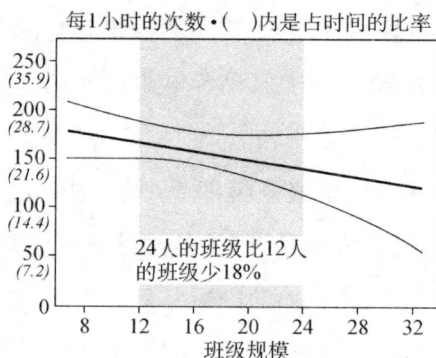

图 1　保育者"与儿童交流的行为"

每1小时的次数·( )内是占时间的比率

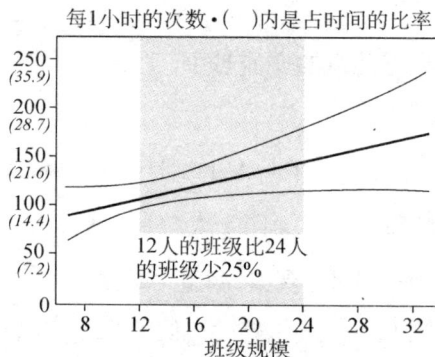

图 2　保育者"看着儿童的行为"

　　有人说,儿童的人数越多,保育者越是会跟在儿童后面,怕他们往后出什么问题,这种说法是有道理的。为了把握整个班级儿童的情况,确保安全,保育者需要不断地盯着儿童,班级人数越多,盯着儿童的时间必然越长。

随着这种怕儿童出事、"看着"儿童的时间的增加，与儿童的交流必然会减少了。这种交流的减少会如下所述那样，给儿童的语言发展带来不小影响。因此，班级规模的大小直接左右着保教质量。

(五) 班级规模小，儿童能在安定的环境中专注地活动

通过观察儿童的行为，发现儿童做出如图 3～6 中的 4 种行为时，班级规模不同会产生不同的结果。

每1小时的次数·( )内是占时间的比率

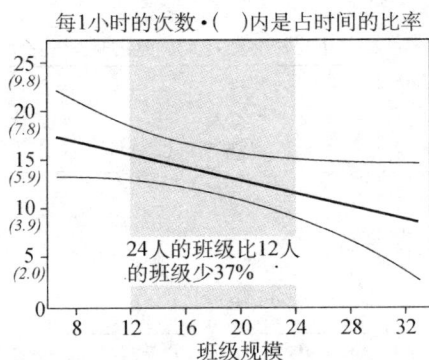

24人的班级比12人的班级少37%

班级规模

图 3　儿童的"思考、下工夫的行为"

每1小时的次数·( )内是占时间的比率

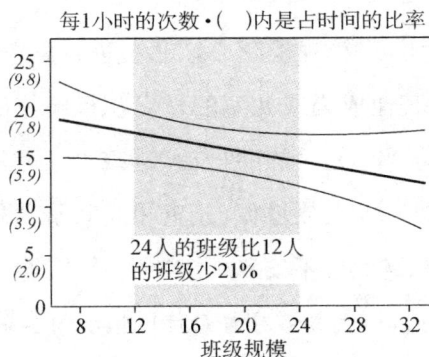

24人的班级比12人的班级少21%

班级规模

图 4　儿童的"合作行为"

每1小时的次数•( )内是占时间的比率

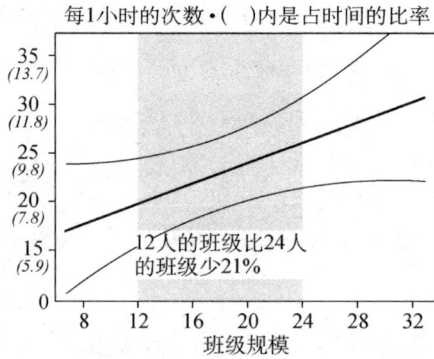

图 5　儿童"不参加课题活动的行为"

每1小时的次数•( )内是占时间的比率

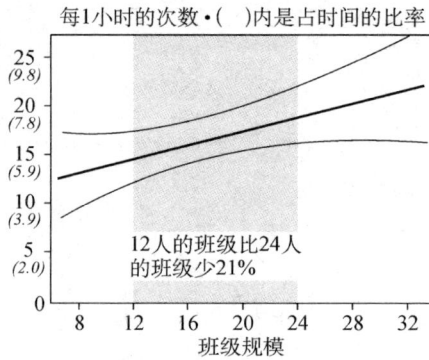

图 6　儿童"无目的的行为"

　　观察结果表明,班级规模越小,"儿童进行思考、下功夫的行为"和"合作行动(对其他成人或儿童的号召积极响应的行为)"越多,而"不参加课题活动"和"无目的的行动"越减少。另外,还有一点图上没有表示出来,即班级人数越少,儿童相互间争吵越少。也就是说,班级人数一多,班级就会不安稳,儿童的专注度会降低,儿童自发思考、努力动手动脑进行活动或相互合作的情况就会减少。

　　进而,图 7、图 8 表示智能测试的结果,说明班级规模不同其智能测试结果也不同。接受半年保育后进行的智能测试结果表明,无论是理解能力方面的测试,还是图形、空间概念方面的测试,班级规模小的儿童的得分提高的幅度更大。

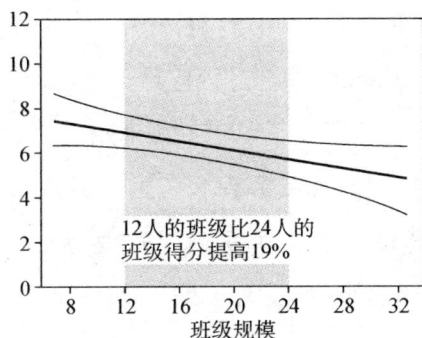

图 7 智能测试(语言理解)的得分提高

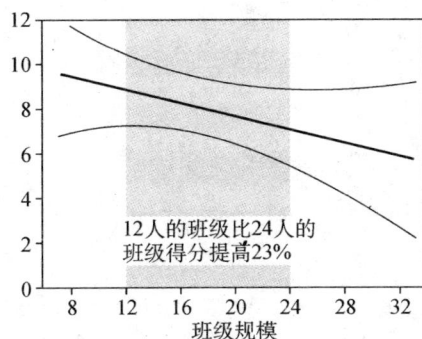

图 8 智能测试(图形·空间概念)的得分提高

研究人员在分析班级规模小的儿童的测试得分提高的原因后,明确指出:"班级规模小是不会自动地使儿童的得分提高的,提高的原因是(图形、空间概念测试时),儿童处在能主动地、对任何事物都能长时间专心致志地思考的班级中","(语言理解能力测试时)是因为在班级中保育者花很多时间与儿童进行交流"。

也就是说,"儿童能专注地投入活动的、安稳的班级"和"保育者能积极通过语言和儿童交流"是直接影响测试结果的两个主要方面。在确保上述两个保教质量要素方面,班级规模大是影响这两个要素的主要原因(这里没有加以介绍,即已明确保育者的资格和专业性也极大地影响这两个要素)。

在研究结果的基础上,报告建议应尽早实现至少"在 16～18 人的班级中配置两位保育者"的配置基准的法制化。

如前面论述的那样,课程和保教机构人际关系的质量等极大地影响儿童的关注度和合作行为,影响保育者与儿童的交流关系。可是,尽管有种种原因的影响,因班级规模的大小不同,A～C(即保育者的行为、儿童的行为、智能测试得分)的任何一个指标都会出现很大差异的情况是显而易见的。这说明"人的条件"会给儿童的发展带来多么大的影响! 从根本上改进目前日本的最低基准,是成人对儿童应尽的责任。

八、保教质量的"评价"和保育者的责任

(一) 保教质量与行政责任

最后，拟讲述保教质量的"评价"问题。

如同第二章所述，在日本推行"第三者评价"工作的目的是，由第三者机构客观地"评价"个别保教机构提供的保育业务的质量，评价结果分为"最好、好、不好"，并予以公开，以此来形成保教机构间为谋求"提高质量"的竞争机制。

然而，受到"不好"评价的保教机构要提高保教质量，仅仅靠他们自己的努力是不够的，还需要改善他们的条件，给那里的保育者提供研修机会以提高专业水平，等等。为提供这些条件，行政部门是有责任的。显然，如同上一节已明确的班额与保教质量的关系那样，行政部门执行政策的水平会直接影响保教质量。

很显然，进行"质量评价"后，是不可能通过竞争自动地使质量"提高"的。拿出这样"不痛不痒"的提案，恐怕是为了说明在保教质

量问题上行政部门没有责任。确实,在质量评价→竞争原理→质量提高这样的过程中,完全看不到任何行政的责任。

与此相反,欧美先进国家进行保教质量研究时,是把行政水平放在很重要的位置上的。因为他们认为,行政部门的水平是给予保教质量极大影响的重要因素;还认为应从下述视点出发评价行政的姿态和政策执行水平。

● 代表地区担任政策决定的人,应选择那些不损害(保教机构中的)儿童的经验而是使儿童得到发展的政策和法令。

● 教职员工劳动条件完备、人事稳定性高、能有效地研修、培育稳定的积极的成人与儿童的关系。

如此看来,保教质量第三者评价的制度的导入,将大大缩小行政部门对整个社会福利应尽的责任,也会造成民间企业参与等激烈竞争的情况,从而"越改越坏"的做法所带来的服务质量降低的责任不会波及行政部门。如果真正出自内心想要提高保教质量的话,国家应该负起责任,在制订"评价"制度前,尽早实现保教最低基准的根本性改善。

今后日本对"质量评价"问题的关心是会提高的。这不只是因为在制度变坏的情况下对"质量评价"的压力会增加,而且作为真正意义上的"质量提高"的着眼点,即目的为提高专业性的"评价"课题也会引人注目。

下面,参考欧美国家的议论,探讨一下评价保教质量时什么是最重要的问题。

(二) 不仅要"发展"的视点,还要"人权"的视点

首先应关注的是,欧美保教质量研究中把握保教质量的视点已从以"发展"为中心变为以"权利"为中心了。

1989年制定的英国儿童法中引人注目的是,在保教质量问题上,提到了课程、保育者与儿童关系的质量等,还规定了以前没有的涉及保教内容的事项。该儿童法还指出,要在保育所和学前学校等社区设施中,"为改进质量,进行每年一次的监查和三年一次的(质量)评价",从而把质量评价法制化了。

按照这一法制规定,现在英国正在广泛试验具体的评价计划。与此同时,还出现了"人际关系质量能客观地评价吗?"、"谁应该来作评价?"之类围绕测定方法及评价主体的议论。

该儿童法中最应受到关注的一点是,"在从儿童发展的视点出发把握保教质量的同时,必须从家长、儿童、相关人员的期待和权利的视点出发来把握保教质量","人权"的视点已摆到质量中心的位置上了。实际上,从以英国保育所为对象所进行的评价保教质量的研究中,可看到如下那样的有关"权利"的视点。

● 是否深刻地理解了文化的多样性、身体的多样性;是否对关于性、民族、身体障碍等方面的划一认识进行挑战? 是否有实现人的平等的方针?

● 是否建立了教职员工与家长之间的亲密关系,是否让家长参与保教机构的运营?

● 是否有一个儿童和家长都能安心的环境,都能获得自我肯定的氛围?

这些项目是本章列出的十分重要的问题,它们涉及到处理保育者与儿童的关系或家长与保育所的关系时,每个人都应作为一个人而受到尊重,受到像人那样的对待的"人权"问题。这些是十分必要的,它不仅仅是为了"儿童的发展",也为了与保教相关的每一个人能有"作为人的权利"。

笔者认为,在日本也需要遵循《儿童权利公约》的精神,不只是从儿童的视点,还要从与保教相关的所有的人的权利这一视点出发进行保教质量研究。

(三) 保教质量评价是大家一起来做的事

第二个应关注的是,近年来欧美国家是以行政机关、经营团体等为主体进行保教质量评价工作的。换句话说,对"从上而下"的评价方法已存在众多疑问。现在,广为流传的意见是:不应采用"从上而下"的评价方法,而应是与保教相关的所有的人,包括儿童、家长和保育者都应当成为"进行评价的人",从多角度进行评价。

研究人员之一的美国学者凯茨对"从上而下"的评价方法作了批判。她指出:"从上而下"的评价有一种倾向,就是仅限于对眼睛看得到的、便于数值处理的项目进行评价。而对那些会对保教质量有很大影响的方面,如与幼儿相关的人际关系、情感等,几乎是不可能把握的。她还认为,由儿童、家长和保育者等与保教相关的人从不同立场出发进行评价的方法取代第三者评价是有效的。下面,介绍其一部分研究内容(L. G. 凯茨《关于幼儿期课程方案质量》,水田聖一译《现代美国幼儿教育论》,创森出版,1997 年)。

首先,由儿童自己进行评价是十分重要的。

听儿童说"在保教中他们是如何感受的"这一做法比任何事情都重要。为什么呢? 如前所述,保教质量的中心问题在于人际关系质量,即在于来自儿童周围的成人、同伴的互动、交流的内涵。这样的话,儿童的"主观的经验"应该是能最好表示质量的了。为此,凯茨举出了下述项目。

- 作为班组的一员,是否总感到自己不属于大多数?
- 是不是总是被同伴接纳、没有被忽视或被拒绝?
- 能非常投入地进行活动,从中获益,敢于挑战。是觉得开心、有趣、令人奇怪,不仅仅是因为兴奋。

下面是由家长进行评价的项目例。

此时,除了由家长对孩子接受的保教进行评价外,还同时对与保教机构工作人员的关系进行评价,这种评价也是保教质量评价中不可缺少的。

● 老师是否尊重儿童,亲切地和儿童接触交流?

● 老师是否理解儿童,能了解他们的个别要求?

● 工作人员要求表示敬意时,你没有感到受到轻视或有压抑感吗?

● 工作人员责备拒绝的人时不是抱有偏见,是很开放地接纳所有人、是包容力、忍耐力强的人?

进而,凯茨指出:在"从上而下的评价"中常常处于被评价地位的保育者也应该成为"评价的主体"。因为保教是一种"工作人员人际关系不好的地方就不会得高分"的工作。她还指出,应从"同事的关系"、"与家长的关系"、"机构内的氛围"三个角度进行评价,这样才有利于改进机构的工作。

特别是关于"保教机构的氛围"问题,凯茨指出:"保育者会像其上司(经营责任者)对待自己那样去对待儿童",所以,经营者、院长对保育者的态度是最重要的要素,为此,她又列出了下述项目:

● 我是否是怀着(领导对自己的)敬意和理解来接受处理的?

● 在保育的理念……方针和责任分工方面,是否与自己有过商量?

● 是否有提升的机会、被推荐过带职研修等?

(四) 保育者对保教质量应负的责任和专业性

近来欧美的研究中,如上所述那样出现了由天天与保教打交道的人来进行评价,并开启了重视基于实际感受的评价方向。

"真想把儿童培养成那样的人！"、"成人也想有自我实现的机会，想创造一个能安心养育孩子的社会"……这些想法中汇聚了人们共同的愿望，而保教工作就是以此为出发点而进行的工作。因此，保教质量是不能脱离那些与之相关的人的想法、愿望来讨论、评价的。

笔者认为，在以与保教直接相关的人作为评价主体的前提下，由研究人员或者其他第三者机构"合作"，对保教质量进行测定或评价也是很好的。

例如，要由儿童来判定凯茨所说的"由儿童进行的评价"实际上是很困难的，需要成人给予考察而定的部分是很大的。为此，通过什么样的视点、方法来观察儿童的行动才能测出儿童的心声、想法、关注度呢？这里，研究人员的参加是有效的、不可缺少的。

再有一个进行保教质量评价时不可回避的问题是，对"否定的结果"相关保育者的责任问题。评价是必然出现否定意见的。在某种意义上说，在这种"大家都是主人公"式的评价中，更多的否定评价会混杂其中。此时，应如何认识保育者的责任呢？

对此问题，凯茨很清楚地指出：不能把这种"让所有的人都幸福、都完全满足"的无限定的责任推到保育者身上。保育者要负的责任是，"作为专业工作者，对不满的意见采取适当处理"。

所谓保育者的责任就是进行富有专业性的实践，这一说法是极其重要的。能应对不满的意见并超越之，并使保教质量真正提高的最大力量就在于保育者的专业性。保育者的专业性需要随着时代和社会的变化不断加以更新和磨练。同时，还必须要与各个领域的专家共同合作。

最后，想强调的是，保教质量的中心问题就在于，是否沿着质和量两方面同时强化的方向对保教专业体制进行制度改革。

注

［ 1 ］［ 2 ］　J. R. Berrueta-Clement, L. J. Schweinhart, W. S. Barnett, W. S. Espatein and D. P. *Weikart*, *Changed Lives*: *The Effect of the Perry Preschool Program on Youths through* 19（Monographs of the High/ Scope Educational Research Foundation, No. 8）High Scope Press 1984. L. J. Shweinhart, & D. P. Weikart The High/Scope Perry Preschool Study, similar studies and their implications for public policy in the United States（D. A. Sregelin（Ed.）*Early Childhood Education*: *Policy Issues for* 1990*s* Ablex 1992）

［ 3 ］　W. N. Grubb, *Young Children Face the States*: *Issues and Options for Early Childhood Programs* CPRE 1987

［ 4 ］　D. Weikart, Curriculum Quality in Early Education（S. L. Kagan & E. F. Zigler（Ed.）*Early Schooling*: *The National Debate* Yale University Press 1987）

［ 5 ］　K. A. Clerk-Stewart, *Evolving issues in early childhood education*: *A personal perspective*, Early Childhood Quartely, 3, 1989

［ 6 ］　K. Sylva, C. Roy, and M. Painter, *Childwaching at Playgroup and Nursery School*, Basil Blackwell, 1980

［ 7 ］　C. Garland and S. White, *Children and Nurseries*: *Management and Practice in nine London Day Nurseries*.（Oxford preschool project 4）Grant McIntyre 1980

［ 8 ］　S. Thyssen, Care for Children in Day Care Centers Child & Youth Care Forum 23（2）, 1995

［ 9 ］　J. Faragher & G. MacNaughton, *Working with Young Children*: *Guidelines for good practice* TAFE Publications 1990

［10］　C. Athey, *Extending Thought in Young Children*: *A Parent-Teacher Partnership* Paul Chapman Publishing Ltd. 1990

［11］　R. Roupp, J. Travers, F. Glantz & C. Coelen, *Final Report of the National Day Care Study*: *Children at the center* Abt Associates 1979
　　＊关于第四章的详细介绍请参阅大宮勇雄「保育カリキュラムの『構造化』と子どもの生活経験：欧米における『保育の質』研究の到達点（1）」（福島大学教育学部論集（教育・心理）第 60 号）、および同「『保育の質』への人間関係のアプローチ：欧米における『保育の質』研究の到達点（2）」（同論集第 63 号）。

本书执笔期间,围绕废除公立保教机构、推行民营化而进行的纷争中,曾有两个判决下达。

一个是围绕废除大东市立上三个保育所推行民营化的问题,大阪高等法院指出:"(保育的)后续不充分",下达了给监护人支付损害赔偿的判决。另一个是横滨地方法院围绕4所公立保育所的废止民营化的判决,他们断定,废止公立保育所本身是违法的,命令给每户家庭支付10万日元的损害赔偿。评论认为,这是作为原告的监护人一方取得完全胜利的判决。

以后者的判决为例,监护人选择了保育所、进入保育所后继续接受保育,这是被法律承认的权益,不经监护人同意就废止保育所的做法是不被允许的。判决书中有一段这样写着:"从保育所的性质来看,它是与利用者的日常生活紧密相关的,可以认定利用者有长时间的、继续利用的关系,保育所的废止给利用者,无论是儿童还是监护人,都会带来深刻的影响。"这一判决从儿童的视点出发,指出了保育稳定性这一质量要素的重要性,这是一个划时代的判决。

我们社会对保育的看法就是这样在不断丰富、不断扩展之中。在与保育政策、制度的对峙运动中,在与儿童一起进行的日常保育实践中,我们的保育观会越来越明确,整个社会的保育观会越来越丰富。从我们社会保育观发展这一点来看,众多人们的实践与运动无疑是不可估量的伟大力量。本书就是在这种社会性的努力和运动中不断学习、接受刺激而诞生的。在此,向一直热情关照本人的众多友人表示谢意。

本书编写出版期间,受到全国保育团体联络会的实方先生、逆井先生的多方关照,ひとなる書房的名古屋先生和松井先生也从各方面给予极大的鼓励。在本书出版之际,谨向他们表示衷心的感谢。

＊各章一开始的标题・登载的杂志如下所示,但都作了部分修改。

第一章　書き下ろし(新作)

第二章　「保育の質とコストと専門性(その1)(その2)」(『保育情報』No. 321 − 322'2003 年 8・9 月号、全国保育団体連絡会)

第三章　第一节「保育サービスの質を評価する基準はどのように作られるか～東京都保育サービス評価システムの保育観を問う」『経営懇』第 3 号、全国民間保育園経営研究懇話会、2004 年

第二～四节「保育の質とコストと専門性(その3)」(『保育情報』No. 324'2003 年 11 月号、全国保育団体連絡会)

第四章　「講座　明日の保育を考える　保育の質は何か」(『ちさいなかま』1998 年 4～11 月号、全国保育団体連絡会)

作者介绍

大宫勇雄

东京大学教育学研究科毕业

现任福岛大学人间发展文化学系教授 （幼儿教育）

主要著作：保育·幼儿教育体系 （共编、旬报社）

保育质量探索 （共著、密涅瓦书房）

现代儿童·教育·教师解读 （共著、创风社）

其他还有：保育课程的结构化和儿童的生活经验：欧美保育质量研究

的成果（福岛大学教育系论集第 60 号）

保育质量：人际关系研究的方法（福岛大学教育系论集第

63 号）

图书在版编目(CIP)数据

提高幼儿教育质量/(日)大宫勇雄著;李季湄译. —上海：华东师范大学出版社,2014.6
ISBN 978 - 7 - 5675 - 2188 - 9

Ⅰ.①提… Ⅱ.①大…②李… Ⅲ.①学前教育－教育质量－教学研究 Ⅳ.①G612

中国版本图书馆 CIP 数据核字(2014)第 126135 号

日本学前教育系列丛书

提高幼儿教育质量

撰　　者	大宫勇雄
译　　著	李季湄
责任编辑	刘　佳
审读编辑	吕振宇
责任校对	王　卫
版式设计	卢晓红
封面设计	付　莉
封面绘画	彭丹妮

出版发行	华东师范大学出版社
社　　址	上海市中山北路 3663 号　邮编 200062
电话总机	021-62450163 转各部门　行政传真 021-62572105
客服电话	021-62865537(兼传真)
门市(邮购)电话	021-62869887
门市地址	上海市中山北路 3663 号华东师范大学校内先锋路口
网　　址	www.ecnupress.com.cn

印 刷 者	常熟市文化印刷有限公司
开　　本	787×1092　16 开
印　　张	11.75
字　　数	137 千字
版　　次	2014 年 6 月第 1 版
印　　次	2022 年 9 月第 8 次
书　　号	ISBN 978-7-5675-2188-9/G·7434
定　　价	24.00 元

出版人　王　焰